Inhalt

46

VHS
NEVER FORGET

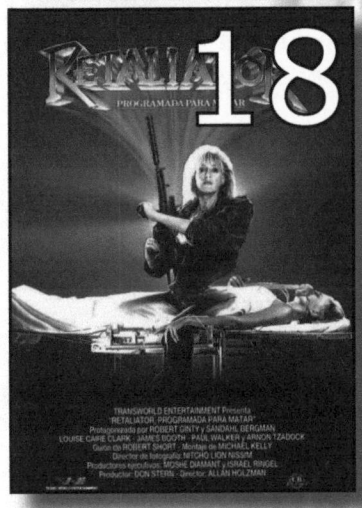

18

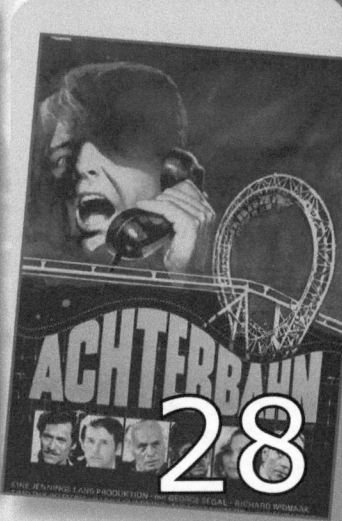

28

RETRO-FILM

ALLE
DREI
MONATE
NEU!

Trau' keinem
Fremden, auch
wenn er
Dein Sohn ist!

STRANGER

13

Vergessen war gestern, wir sprechen darüber!

DIE UNBESIEGBAREN FÜNF (1978)

AUF DIE FRESSE, FERTIG, LOS!

DIE UNBESIEGBAREN FÜNF (FIVE DEADLY VENOMS) von Chang Cheh ist eine Ausgeburt an Mustergültigkeit und ein Meilenstein der fernöstlichen Filmkunst. Der Eastern aus dem Jahre 1978 überzeugt durch die Bank - kein Wunder, da er aus dem legendären Hause der **SHAW BROTHERS** stammt. Die Brüder Runme Shaw und Run Run Shaw gründeten die Filmproduktionsfirma, die ihren Sitz in Hongkong hat, und mit dieser sie in den Jahren von 1925 bis 1985 über 1000 Filme produzierten. Chang Cheh gehörte zu den bekanntesten Regisseuren, der für die berühmten Brüder tätig war.

Inhalt:

Meister Huang Yen lehrt in seiner berüchtigten und gefürchteten Schule seine Schüler die Kunst des Kämpfens. Jeden seiner fünf Schüler unterrichtet er in unterschiedlichen, tödlichen Kampfstilen: die Schlange, der Tausendfüßler, der Skorpion, der Frosch und der Gecko. Die Schüler kennen sich untereinander nicht und erhalten nach vollendeter Ausbildung auch zusätzlich noch einen neuen Namen. Die **UNBESIEGBAREN FÜNF** sind Meister ihres Faches und nutzen ihre Fähigkeiten zu ihrem eigenen Vorteil. Huang Yen bekommt kurz vor seinem Tod Gewissensbisse und möchte seine Schüler stoppen. Hierfür entsendet er seinen jüngsten und letzten Schüler Yang Te, der die Fünf aufspüren und aufhalten soll. Aber wie soll dieser Schüler, der seine Ausbildung noch nicht beendet hat, die gefährlichen Kämpfer besiegen? Die Antwort liegt im Kollektiv - denn Yang Te findet in einem der Five Venoms einen Gleichgesinnten, der ihm hilft, gegen den Rest in den Kampf zu ziehen.

Sicherlich kann man diesen Film aus zweierlei Perspektiven sehen. Der geneigte Eastern-Fan lehnt sich vertraut zurück und genießt diese Art von Film, während der Realist sich ständig die Frage stellt, warum er sich diesen, aus seiner Sicht, "Trash" antut. Der Eastern-Fan sieht über die kärglich angemalten und angeklebten Bärte, die

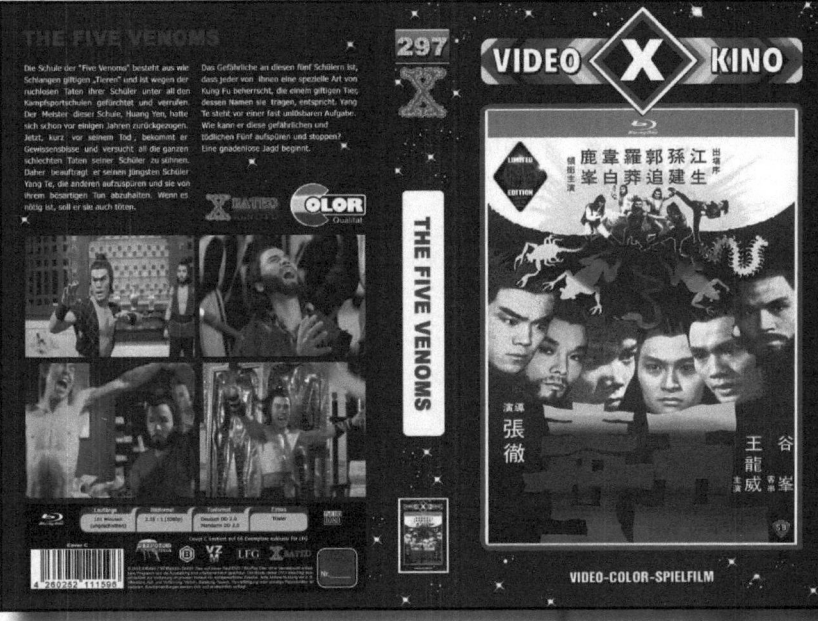

einfachen Perücken, dem Overacting der sterbenden Darsteller, dem viel zu hellen Kunstblut und dem Fehlen des newtonsche Gravitationsgesetzes hinweg. Der Realist wird sich vermutlich vorkommen, als wäre er inmitten eines *SchleFaZ-Abends* und wartet ständig darauf, dass Oliver Kalkofe und Peter Rütten eingeblendet werden, um jede zweite Szene zu kommentieren. Zudem könnte man in diesem Zuge auch denken, dass in manchen Sequenzen *"MadLipz"* für die Synchronisation zuständig war, da sich hier der eine oder andere asynchrone und tonal unpassende Part eingeschlichen hat. Zugegeben, gelegentlich war ich mir beim Soundtrack auch nicht sicher, ob hier eine Geige gespielt wird oder eine Katze ihre finale Notzucht durchleben muss. Dennoch ist die Musik sehr stimmig, exzellent auf die dazugehörigen Szenen abgestimmt und rundet die dichte Atmosphäre des Films perfekt ab. Was die Kulissen angeht, ist man von den *SHAW BROTHERS* eigentlich nichts Schlechtes gewohnt. So wird man

auch hier nicht enttäuscht und findet sich plötzlich im Herzen eines kleinen Dorfes wieder, welches vor Teehäusern, Straßenverkäufern und allerlei buntem Schnick Schnack nur so strotzt. Die Kostüme sämtlicher Protagonisten wurden detailverliebt und authentisch angefertigt und die Kampfchoreografien wurden ebenfalls zeitgemäß und opportun umgesetzt.

Wenn man einen Vergleich ziehen möchte, könnte man sagen, dass *DIE UNBE-SIEGBAREN FÜNF* die *AVENGERS* des Ostens waren.

Ihr kennt diese Tage! Man hat viel zu tun, ist ausgelaugt, die Arbeit nervt und man will einfach nur bei einem Filmchen abschalten. Umso größer ist schließlich das Verlangen nach leichter und anspruchsloser Action-Unterhaltung am Abend, weswegen ein beherzter Griff in die Filmographie der „Cannon Group" die logische Konsequenz darstellt. Und wenn man den Dudikoffs, Norrises oder Bronsons überdrüssig ist, wagt man sich auch mal an Titel, die man nicht sofort auf dem Schirm hat, wenn man an die legendäre B-Movie Fabrik denkt. So flimmerte der Actionfilm „Double Force" (1992), im Original „Fifty/Fifty", über den heimischen Fernseher, der genau Das lieferte, was ich wollte: Action, Sprüche und verdammt viel Spaß!

Das Drehbuch zu „Double Force" existierte bereits in den 80er Jahren und war ursprünglich als Vehikel für die Cannon-Stars Chuck Norris und Michael Dudikoff gedacht. Norris, der nach der „Missing in Action"-Reihe keine Lust hatte schon wieder im Dschungel zu drehen, stieg jedoch aus dem Projekt aus. Als Alternative wollte man den Film mit Sylvester Stallone und Eddie Murphy realisieren, doch auch diese Kons-

tellation scheiterte, da Murphy kein Interesse hatte. Als Ersatz sollte Kurt Russell herhalten, doch der drehte mit Sly lieber „Tango & Cash" (1989), so dass „Double Force" abermals ohne Hauptdarsteller in der Pre-Production feststeckte. Schließlich fand Regisseur Charles Martin Smith ein anderes Duo, welches die Hauptrollen übernehmen sollte, Robert Hays und Peter Weller, so dass der Film schließlich 1990 gedreht wurde. „Double Force" präsentiert sich als humorvolle Söldner-Action, die, entgegen der Erwartungen, nicht auf den Philippinen gedreht wurde, sondern in Malaysia und kommt mit einer wenig originellen aber dennoch effektiven Story um die Ecke. Wir folgen den beiden Söldnern Sam French (Robert Hays) und Jake Wyer (Peter Weller), die sich nach langer Zeit wiedersehen und nach diversen Wirrungen ein weiteres Mal zusammenraufen, obwohl sie zu Beginn des Films auf unterschiedlichen Seiten stehen. Doch kurze Zeit später müssen die beiden unter dem Druck der CIA zurück auf die tropische Insel, von der sie gerade erst unter Beschuss geflohen sind, reisen, um Rebellen dabei zu helfen das Regime des sadistischen General Bosavi zu stürzen. Nun müssen die Beiden einen Haufen Bauern ausbilden, die sich jedoch eher schlecht als recht schlagen und die ganze Aktion in ein Himmelfahrtskommando verwandeln. „Double Force" präsentiert uns eine recht abgedroschene Geschichte, denn Dschungel-Action mit Söldneranstrich haben wir in den 80ern zuhauf gesehen, weshalb der Film fast schon wie ein Rip-Off bekannter Versatzstücke des Genres wirkt. Dabei versucht aber das Drehbuch von Dennis Shryack und Michael Butler die Story rasant zu erzählen, was den Film jedoch nicht vor Leerlauf rettet, denn dem B-Movie Spektakel geht kurz vor dem Finale dann

doch etwas sie Puste aus.
Was den Streifen allerdings den nötigen Unterhaltungswert verpasst, sind definitiv die beiden Hauptfiguren, die sich pausenlos anzicken und somit in bester Tradition der Buddy-Actionfilme der 80er daherkommen. Hier bekommt der Zuschauer flotte Sprüche um die Ohren gehauen, die für ordentliches Schmunzeln sorgen dürften, so machen beide schon zu Beginn unverblümt klar, welcher Schlag Mensch sie sind:

"Ich sage ihnen etwas, Sprue. Wir glauben an die deutsche Mark, den Schweizer Franken, den Krugerrand, den Yen und hin und wieder auch mal an den guten alten Dollar. Die gute Sache ist etwas, wofür man stirbt und steht deshalb bei Leuten wie uns nicht so hoch im Kurs."

Richtige Sympathieträger unsere zwei Aushilfs-Rambos. Doch natürlich kommt kurz vor Schluss die obligatorische „Redemption", die dazu führt, dass beide feststellen, dass

es noch mehr als Geld gibt, für das es sich zu kämpfen lohnt. Das ist natürlich alles ziemlich plakativ aber wir befinden uns ja auch in einer „*Cannon*"-Produktion aus dem Jahr 1992, da sollte man seine Erwartungen sowieso herunter schrauben. Zu dieser Zeit stand das Kult-Studio schon kurz vor Torschluss und die letzten Produktionen waren lediglich herunter gerotzte Direct-to-Video Heuler.

Das reduzierte Budget sieht man auch „*Double Force*" an, jedoch hat man dennoch einen ansehnlichen Film auf die Beine gestellt, in dem es dennoch gewaltig rummst. Es wird geballert, gesprengt und sogar Haie werden mit der Bazooka beschossen, weshalb der Film einfach richtig Spaß macht. Regisseur Charles Martin Smith, den man noch als Terry Fields aus „*American Graffiti*" (1973) kennt, inszeniert die Chose souverän und liefert einen schnörkellosen Film, der vielleicht noch mehr gerockt hätte, wenn etwas mehr Geld zu Verfügung gestanden hätte.

schnitten ist. Normalerweise sage ich NEIN zu Bootlegs, doch wenn es keine Alternativen gibt, drücke ich dabei auch mal ein Auge zu.

„Double Force" (1992) aus der **„Cannon"**-Spätlese ist das schmalere Budget anzumerken, was dem Unterhaltungswert jedoch keinen Abbruch tut. Ein vergnüglicher Buddy-Actioner, der zwar hier und da etwas an Fahrt verliert, jedoch mit zwei gut aufgelegten Darstellern punkten kann, die herrliche Sprüche vom Stapel lassen. Eine gute Portion Explosionen und dicke Wummen tun ihr übriges und empfehlen die Dschungel-Sause als adäquate Action-Unterhaltung für den heimischen Filmabend.

Zudem ist Smith in einer Nebenrolle als CIA-Unterhändler Sprue zu sehen. Robert Hays und Peter Weller mögen nicht unbedingt die zugkräftigsten Stars sein (mal ehrlich mehr als **„Robocop"** (1987) hat Weller auch nicht geleistet), machen aber einen guten Job und funktionieren als dauerfrotzelndes Duo, die bei kniffligen Entscheidungen eine Münze werfen, so macht auch der Titel **„Fifty/Fifty"** Sinn. Wer sich den Film in die Sammlung stellen möchte guckt derweil etwas in die Röhre, denn bis auf die USA, gibt es keine offizielle DVD-Veröffentlichung des Films. Es existiert in Deutschland ein Bootleg, welches den Streifen in annehmbarer Qualität präsentiert und zudem unge-

Vergessen war gestern, wir sprechen darüber!

GARY DANIELS

Die großen Action-Stars kennt eigentlich jeder, weshalb unser Team es fast schon als Bildungsauftrag betrachtet, euch auch mal die Haudegen vorzustellen, denen eine Karriere auf der großen Kinoleinwand vergönnt war und die sich eher im Direct-to-Video Segment tummeln, beziehungsweise tummelten. In der letzten Ausgabe präsentierten wir euch schon Ersatz-*„American Fighter"* David Bradley und nun nehmen wir uns einen weiteren Star aus der Kreisliga der Haudrauf-Actioner vor. Vorhang auf, für Gary Daniels.

Gary Daniels wurde 1963 in London geboren. Dermaßen beeindruckt vom Kung-Fu Klassiker *„Der Mann mit der Todeskralle"* *(1973)* und der Darstellung Bruce Lees, beschloss Daniels schon früh eine Karriere als professioneller Kampfsportler. Schon mit 8 Jahren begann er das Training und erlernte diverse Stile, wie *„Wushu"*, boxen und *„Wing chun"*. Mit 10 Jahren folgte Kung-Fu, bevor er sich mit 12 Jahren dem Taekwondo widmete. Nach 3 Jahren erlangte er den schwarzen Gürtel, bevor er mit 16 zweiter Dan wurde. Desweiteren trainierte Daniels noch **Kickboxen** und **Muay Thai**.

Seine Karriere begann er schließlich im *„Amateur Kickboxing"*-Bereich 1979. Insgesamt konnte er 13 Siege erringen, von denen alle Knockouts waren. Sein aggressiver Stil führte aber dazu, dass er bei 3 Kämpfen disqualifiziert wurde. 1980 verließ er England und siedelte in die USA um, wo er in Florida seine Karriere fortsetzte. Schließlich konnte er 1990 bei zwei Meisterschaften (in den USA und in England) im Kickboxen als Sieger hervorgehen und das in nur einem Monat. Kurz darauf zog sich Daniels vom professionellen Kampfsport zurück. Wie viele Sportler seiner Art führte sein Weg zum Film. Gary Daniels fand ebenfalls einem Platz im Action-Genre, jedoch erlangte er nie den Ruhm eines Jean-Claude van Damme oder Dolph Lundgren, sondern war fast ausschließlich in günstig produzierten Filmen für das Heimkino zu sehen. Ausnahmen bilden zum Beispiel *„City Hunter"* *(1993)* mit Jackie Chan. Zuerst war er lediglich in kleinen Nebenrollen zu sehen, wie in *„Bloodfist IV"* *(1992)* oder *„Final Impact"* *(1992)*, bevor er selbst Hauptrollen übernahm. Erste größere Aufmerksamkeit erlangte er mit den Actionfilmen *„American Streetfighter"* *(1992)* und *„American Streetfighter 2* *(1993)*, die zum Hits in den Videotheken wurden. Seine populärste Rolle spielte er 1995. In diesem Jahr war er als Kenshiro in der Live-Action Adaption des Mangas *„Fist of the North Star"* zu sehen.

Weitere sehenswerte B-Actioner waren *„Bloodmoon"* *(1997)*, *„Riot"* *(1997)*, sowie die „PM"-Produktion *„Recoil – Tödliche Vergeltung"* *(1998)*. Bei vielen Filmen war Daniels auch als Produzent beteiligt. In den 2000ern führte er seine Filmkarriere fort, jedoch wurde sein Output weniger. In *„Retrogade"* *(2004)* und *„Submerged"* *(2005)* war er an der Seite von Dolph Lundgren, sowie Steven Seagal zu sehen. 2010 spielte er nicht nur in der Live-Action Version von *„Tekken"* mit, sondern hatte auch eine Nebenrolle in Sylvester Stallones Ensemble-Kracher *„The Expendables"*. Seitdem beliefert er Genre-Fans auch

weiterhin mit günstigen Actionfilmen. Eine große Karriere hatte Gary Daniels nie und er wird sie wahrscheinlich auch nicht mehr haben, jedoch sollten Action-Fans sich mal in seiner Filmographie umsehen, denn darin gibt es einige unterhaltsame Perlen zu entdecken.

Vergessen war gestern, wir sprechen darüber!

CHUCK CONNORS – DER GROSSE ELITENATHLET MIT REKORD

Der 1, 97 Meter große Chuck Connors belebte jeden Film mit seiner immensen Präsenz. Dass er allerdings sportlich betrachtet zu einem erlauchten Kreis von Athleten gehört in den Staaten, wissen wahrscheinlich nur wenige außerhalb der USA. Er ist einer

hoffte eines Tages ebenfalls dazu gehören zu können. Nachdem er ein Stipendium für die Privatschule Adelphi Academy bekam, konnte er sich bei seinem Abschluss 1939 vor Angeboten weiterführender Universitäten kaum retten. Ganze zwölf Unis wollten ihn haben. Der Grund war seine enorme Athletik. Er ging dann zur Seton hall University nach South Orange, New Jersey. Dort spielte er Basketball und Baseball. Hier war auch der Ort, an dem er seinen Namen wechselte. Er mochte nie seinen Vornamen Kevin. Als er Baseball spielte rief er häufig seinen Teamkameraden zu: „Chuck ist to me!", was übersetzt so viel heißt wie „Schmeiß es zu mir!". Das gefiel den Teamkollegen und den Stadionansagern und so wurde CHUCK sein neuer Name.

von zwölf Athleten die in zwei unterschiedlichen Sportarten professionell agierten. Der als Kevin Joseph Aloysius Connors geborene Chuck ist der Sohn von Alban Francis Connors und Marcella Londrigan. Sein Vater erlangte 1914 die US-amerikanische Staatsbürgerschaft. Seine Mutter drei Jahre später. Beide immigrierten von Neufundland in die Staaten. Sowohl Francis als auch Marcella haben irische Wurzeln. Der ehemalige Pfadfinder Chuck und seine zwei Jahre jüngere Schwester Gloria wuchsen Im Arbeiterviertel der Westside von Brooklyn auf. Ihr Vater arbeitet als Hafenarbeiter. Der römisch-katholisch erzogene Chuck war Priesterjunge in einer kleinen Kirche in Brooklyn. Connors war schon seit frühester Kindheit ein Fan der Baseballteams Brooklyn Dodgers. Er

Im Baseball war er so gut, dass er zwei Jahre nach dem Beginn seines Studiums von den New York Yankees angeworben wurde. Es blieb allerdings nur bei einer Spielzeit, denn er wurde eingezogen im zweiten Weltkrieg zu dienen. Er wurde dann nach Fort Campbell stationiert, wo er Panzerfahrer Ausbilder wurde.

Während seiner Dienstzeit spielte er zudem immer wieder Basketball. Hier spielte er für die Rochester Royals und verhalf ihnen zur Meisterschaft. Im Jahre 1946, nachdem er aus seinen Dienst entlassen wurde, spielte er für die Boston Celtics. Hier schaffte er als allererster Spieler in der amerikanischen Geschichte etwas Einzigartiges. Während des Aufwärmens vollbrachte er einen sogenannten *„Backbord shattering"*. Hierbei handelt es sich um einen Dunk, bei dem sich der Spieler an den Korb hängt und dieser zerbricht. Bevor er danach für die Brooklyn Dodgers spielte, war er jahrelang in kleinen Teams in der zweiten Liga unterwegs. Selbst die American Football League klopfte bei ihm an. Er spielte aber nie diesen Sport. Er wollte aber nicht sein ganzes Leben lang Sport betreiben. Während eines Basketballtrainings sah ihn der Casting Director von MGM und gab ihm eine Rolle in den Film **PAT AND MIKE (1952)** mit Spencer Tracy und Katherine Hepburn. Dann kamen viele weitere Filme hinzu. So an der Seite von Gregory Peck in **William Wilder WEITES LAND (1958)**. Seine bis dahin größte Rolle war dann die des Lucas McCain in der TV-serie **WESTLICH VON SANTA FE**, welche er fünf Jahre lang spielte. Um die Rolle zu bekommen stach er 40 weitere Bewerber aus. Die Rolle war einzigartig. zeigte sie doch einen Witwer, der seine Tochter allein erzieht. Das gab es vorher nicht. Seine zweite TV-Rolle die langlebiger war, ist die in der TV-Serie **GEÄCHTET (1965 – 1966)**. Für seine Rolle als Sklavenhändler in der TV-Miniserie **ROOTS (1977)** bekam er eine Emmynominierung.

Seine Ausflüge in die weite Welt des (Kino-) Films ist nicht zu verachten. Er spielte in E**INE ZUVIEL IM BETT (1963), FLIPPER (1963), KAPITÄN NEMO (1969), LATIGO (1970), JAHR 2022...DIE ÜBER-**

LEBEN WOLLEN (1973), OVERKILL (1980), DIE UNGLAUBLICHE REISE IN EINEN VERRÜCKTEN RAUMSCHIFF

(1982) oder **SAKURA KILLERS (1987)**. 1991 wurde er in die **WESTERN PERFORMERS HALL OF FAME** aufgenommen. Connors war dreimal verheiratet und hat vier Söhne. Auch als Kommentator bei Baseball-Spielen war er zugegen. Und der erste der in dieser Funktion das Wort „Fuck" sagte und gerne wiederholte. Connors war ein Unterstützer der republikanischen Partei und Freund von Richard Nixon. Bei einen Treffen 1973 begegnete er auch den ehemaligen Führer der Sowjetunion Leonid Breschnew und schenkte ihn einen Revolver. Es entwickelte sich eine regelrechte Freundschaft. Breschnew erlaubte die Ausstrahlung seiner TV-Serie **WESTLICH VON SANTA FE** und Connors wollte auch an Breschnews Beerdigung teilnehmen. Aber die US-Regierung verweigerte dies. Ironischer weise starben bei am selben Tag. Nur zehn Jahre auseinander. Auch half er Ronald Reagan und nahm an Pro-Vietnam-Demos teil. Chuck Connors war starker Raucher gewesen. Seit 1940 rauchte er bis Mitte der 70er Jahre drei Packungen Zigaretten am Tag. Connors starb am 10. November 1992 an Lungenkrebs in Los Angeles.

TERROR TRAIN

Halloween liegt noch nicht lange zurück, ein Tag an dem Horrorfilme Hochkonjunktur haben. Und generell machen doch die schönen Schocker vergangener Tage am meisten Spaß, wenn es kalt und ungemütlich ist. Was liegt da näher, als sich mal wieder einem klassischen Slasher zu widmen, denn maskierte Killer machen doch immer Laune, wenn sie es auf feierwütige Teenager abgesehen haben. Das bietet auch *„Monster im Nachtexpress"* *(1980)*, in dem ein Party Zug für manche Studenten zur Todesfalle wird und in dem Jamie Lee Curtis mal wieder um ihr Leben schreien darf. Ob das Schlitzer-Stelldichein nach 37 Jahren immer noch spannend ist, erfahrt ihr aus erster Hand!

Die frühen 80er waren bekanntlich die Blütezeit des Slasherfilms. John Carpenters legendärer *„Halloween – Die Nacht des Grauens"* *(1978)* gab die Blaupause für das Genre vor und inspirierte weitere Produktionen, die im Fahrwasser des Klassikers an den Start gingen. Mit Filmen wie *„Prom Night"* *(1980)* und natürlich *„Freitag der 13."* *(1980)* entstand schließlich eine neue Welle an sehr ähnlich gestrickten Horrorfilmen. In diesem Dunstkreis bewegt sich auch der, ebenfalls *1980* entstandene, Slasher *„Monster im Nachtexpress"*. Die kanadisch-amerikanische Ko-Produktion ging mit vier Millionen Dollar in Produktion und bietet eine klassische Handlung. Eine Gruppe von Medizinstudenten spielt ihrem labilen Kommilitonen

Kenny einen äußerst makabren Streich auf einer Silvesterparty. Der gebeutelte Kenny dreht durch und landet in der Klapse. Ein Jahr später wird der Abschluss der Studenten gefeiert, stilecht in einem gemieteten Zug, in dem eine große Party stattfinden soll. Den zurückliegenden Vorfall haben alle vergessen, lediglich die Studentin Alana hat noch immer ein schlechtes Gewissen. Während im Zug mit Band, Magier, Alkohol und Drogen hemmungslos die Sau raus gelassen wird, bemerkt keiner, dass sich ein ungebetener Gast an Bord geschlichen hat, der es auf die Verantwortlichen von damals abgesehen hat und ein Opfer nach dem Anderen fordert.

Die Story bedient sich den üblichen Slasher-Klischees, wie man sie aus gefühlt hundert weiteren Streifen dieser Dekade kennt. Ein böses Ereignis in der Vergangenheit, Rache als Motiv, promiske Teenager und das übliche Final-Girl, welches im Finale gegen den Killer kämpfen muss. Aus heutiger Sicht wirkt das recht unspektakulär, jedoch war dieses Konzept im Jahr 1980 noch nicht so ausgelutscht wie es heute der Fall ist. So muss man die typischen Muster hinnehmen, um sich auf den Film einzulassen, was Fans von gutem altem 80er-Nervenkitzel weniger schwer fallen dürfte. Was den Film aufwertet ist sein stimmungsvolles Setting, denn er spielt die ganze Zeit über in einem fahrenden Zug. So bekommen wir eine recht klaustrophobische Atmosphäre geboten, die durch die dort stattfindende Kostümparty eine noch eine besondere Note bekommt. Überall wuseln Menschen in ausgefallenen Kostümen umher, Partybeleuchtung ist ständig zugegen und ein Magier sorgt noch für Illusionen und schicke Zaubereien. All das gibt dem Film etwas surreales, fast schon ausgeflipptes. Diese Elemente treiben die Spannung etwas nach oben, obwohl sie zu keiner Zeit an ein Meisterwerk wie *„Halloween"* herankommt.

Ein weiterer schöner Einfall, ist die Tatsache, dass sich der Killer immer wieder neu kostümiert, nämlich mit den Outfits seiner Opfer. Daraus resultieren einige spannende Momente, welche die absoluten Stärken des Films sind. Man kann verraten, dass es sich bei dem Mörder wirklich um den wahnsinnigen Kenny handelt, der sich für die Demütigungen seiner ehemaligen Kommilitonen rächen will. Allerdings ist die Auflösung, in der Kenny sich offenbart, ein ganz guter Twist, den ich bei der Erstsichtung nicht habe kommen sehen. So setzt der Film durchaus einige überraschende Akzente,

bleibt aber im Kern ein typischer Genre-Vertreter.

Regisseur Roger Spottiswoode, dem später noch die Ehre zuteilwurde, den Brosnan-Bond *„Der Morgen stirbt nie"* *(1997)* zu inszenieren (eine eher zweifelhafte Ehre), zeigt gutes Handwerk und erschafft einige stimmungsvolle Bilder, die den Film qualitativ deutlich steigen lassen, wenn man ihn mit späteren Slashern der 80er vergleicht. Einzig im Bereich Gore hält sich Spottiswoode zurück. Die Kills sind relativ zahm und man bekommt lediglich das Endergebnis präsentiert, welches aber nie hart anzusehen ist. Wer hier derbe Splatter-Spitzen erwartet, wird eher enttäuscht sein, jedoch funktioniert die Todesparty (der Film wurde hierzulande auch mal als *„Todesparty 3"* vermarktet, obwohl die ersten beiden Teile Jahre später entstanden) auch ohne Gekröse recht gut.

Zum Finale hin werden die Zügel ordentlich angezogen und der Zuschauer bekommt einen spannenden Showdown geboten. Wenn wir uns die Darstellerriege betrachten, kann der Streifen mit ein paar bekannten Gesichtern aufwarten, Allen voran Jamie Lee Curtis. Der Star aus *„Halloween"* war zu dieser Zeit in einigen Horrorfilmen zu sehen (der Titel *„Scream-Queen"* kommt nich von ungefähr) und liefert hier ebenfalls eine schöne Performance ab, auch wenn sie sich nicht aus dem Fenster lehnen muss. Ihr zur Seite steht Ben Johnson, der vor allem durch Western bekannt wurde und 1971 als bester Nebendarsteller für den Film *„Die letzte Vorstellung"* mit dem Oscar ausgezeichnet. Johnson spielt den Schaffner und geht dabei routiniert zu Werke. In der weiteren Besetzung finden wir noch Hart Bochner, das koksende Ekelpaket aus *„Stirb Langsam"* *(1988)*, sowie die Sängerin Vanity.

Ebenfalls bekommen wir Magier David Copperfield in seiner ersten Filmrolle zu sehen, der hier natürlich ebenfalls als

Wer einen Code-Free Player sein Eigen nennen darf, wird hier bestens bedient, da auch hier mehrere Interviews als

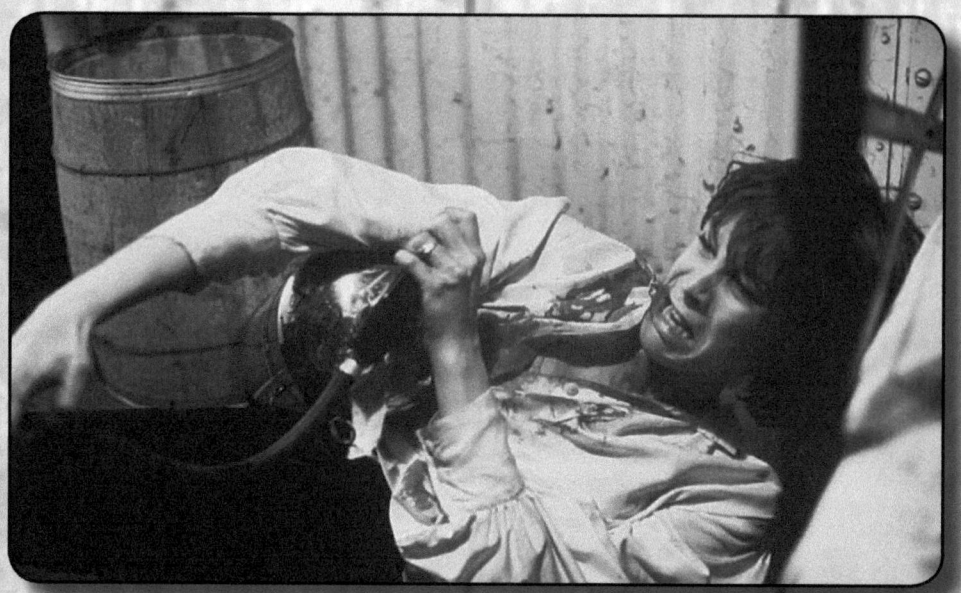

Magier auftritt. Alle Darsteller agieren routiniert. Schauspielerische Glanzleistungen sucht man hier vergebens aber wer erwartet das schon bei einem Slasher aus den 80ern? Wer sich den Film gerne in die Sammlung holen möchte, wird dabei auf eine Import-Variante zurückgreifen müssen. In Deutschland gab es mal eine DVD-Auflage von *„Gabu Film"*, die den Film in der ungeschnittenen Fassung beinhaltet aber mittlerweile schwer zu bekommen ist. Ansonsten gibt es ihn in den USA auf Blu-Ray von *„Shout! Factory"*.

Bonusmaterial vorhanden sind. Eine Blu-Ray für den deutschen Markt wäre wünschenswert.

Roger Spottiswoodes *„Monster im Nachtexpress" (1980)* ist ein handelsüblicher Slasher, der offenkundig im Fahrwasser von *„Halloween" (1978)* entstanden ist und die bekannten Motive und Klischees genüsslich zelebriert. Zwar gibt es auch in Sachen Gore nicht viel zu sehen, jedoch punktet der Streifen mit einer schönen Atmosphäre und einer sympathischen Besetzung, auch wenn diese routiniert agiert. Einige wirklich gute und spannende Momente runden das Ganze ab und machen *„Monster im Nachtexpress"* zu einem durchaus sehenswerten Slasher, der weit besser ist, als die meisten *„Freitag der 13."*-Filme je sein werden. Genre-Fans können hier zugreifen!

Für das amerikanische Fernsehen inszenierte Regisseur Tom Holland, der **1985** mit **FRIGHT NIGHT** seine Filmkarriere begann, **1990** den Thriller **STRANGER – RÜCKKEHR AUS DER VERGANGENHEIT**. Ihm ist mit wenig Budget und einer Handvoll Schauspielern einen spannender, fesselnder und zugleich verstörender Thriller gelungen.

Tom Holland spielt mit den Gefühlen der Darsteller und die der Zuschauer. Recht schnell bekommt man als Zuschauer einen vor den Latz geknallt. Mare Blackburn, gespielt von Kate Jackson **(AGENTIN MIT HERZ)** ist mit ihrem kleinen Jungen einkaufen und durch einen kurzen Moment der Unachtsamkeit wird ihr Kind entführt. Bamm! So eine Erfahrung möchte niemand erleben, die Qualen der Ungewissheit, was ist mit meinem Kind, wo ist mein Kind, bekomme ich mein Kind wieder?

Die Zeit heilt alle Wunden? Nicht ganz, Mare musste nicht nur den Verlust ihres Sohnes hinnehmen, sondern kämpft noch mit dem Verlust ihres Mannes im Vietnamkrieg. Nach 12 Jahren führt sie ein relativ neues, ruhiges Leben. Sie hat einen neuen Lebenspartner der von ihrer Vergangenheit in Kenntnis ist. Da klopft es an der Tür. Ein junger Mann steht vor der Tür, mit Zeitungsartikeln in der Tasche und behauptet der Sohn zu sein. Wieder bekommt Mare und der Zuschauer es mit dem Brett vorn Kopp. Ein Gefühl von Erleichterung, Freudigkeit stellt sich ein. Doch der gewiefte Zuschauer und neuer Lebenspartner von Mare riechen den Braten.

Ab diesem Moment spielt Regisseur Tom Holland sein Können aus. Er spielt mit den Gefühlen der Mutter. Es stellen sich die Fragen, ist es der Sohn oder ist es ein Fremder der nur die Situation für sich ausspielen will? Schnell zeigt der Unbekannte sein wahres Gesicht, in der Gefahr erkannt zu werden nutzt er jede Gelegenheit aus um sein Psycho-spiel voran zu treiben. Ein Psychopath der selbst nicht mehr weiß wer er ist, ist umso bedrohlicher. Mitmenschen die ihm gefährlich werden können, müssen aus dem Weg geschafft werden. Die Gewalt eskaliert und das Psycho-Spiel wird immer gemeiner.

STRANGER ist ein kleiner Geheimtipp für Psycho-Thriller Fans, für einen TV-Film ist Tom Holland ein sehr guter Beitrag gelungen. Schade das es ihn bislang nur auf VHS in Deutschland gibt.

Ein eiskalter **THRILLER**, *der direkt unter die Haut geht*

Vergessen war gestern, wir sprechen darüber!

VISION DER DUNKELHEIT - VHS VERGLEICH

Sektenführer Harris tötete vor 20 Jahren, im Wahn, die Mitglieder seiner eignen Kommune. Nur Cynthia überlebte das grausige Ritual. In einer Klinik erwacht sie, nach eben dieser Zeit, aus dem Koma. Ihre Freude währt nicht lange denn Harris besucht sie in ihren Träumen, Träume die nach und nach ihren schrecklichen Weg in die Realität finden.

Anmerkung:

Achtung !!! Spoilerwarnung für alle die **Vision der Dunkelheit** und **Nightmare 3** nicht gesehen haben.

Es ist 1988 und die liebreizende Jennifer Rubin muss sich einem verbrannten Killer in ihren Träumen stellen. Na, wenn sich das nicht nach einem weiteren Teil der Pizzagesichtsaga am Rande der Elm'Street anhört!? Aber halt, Jennifer Rubin hat doch bereits ein Jahr zuvor gegen den Schlapphut Miesepeter gekämpft und verloren!

Aber wie heißt es doch so schön, neuer Film, neues Glück. So kam es dann, dass für ein mickriges Budget von knapp 5-6 Millionen Dollar, dieser Nightmareklon, das Licht der Welt erblicken sollte. Wahrscheinlich wollte es irgendwer nicht wahrhaben, dass Jennifer Rubin bei **Nightmare 3** das zeitliche gesegnet hat. Aber dies soll nur eine Überlegung am Rande sein.

Jedenfalls ist mit **Vision der Dunkelheit** ein recht passabler Horrorthriller unter der Anleitung von Andrew Fleming (**Der Hexenclub**) entstanden. Mit Richard Lynch als Bösewicht und Bruce Abbott (unvergessen in **Re-animtor 1-2**) als Loveinteresst und Therapeuten von Cynthia (Jennifer Rubin) kann eigentlich kaum etwas schief gehen. Dazu noch ein paar herbe FX Einlagen hier und dort, eine zackige Laufzeit von 82 Minuten und einige creepy Irrenhausmomente machen das Ganze zu einer Runden Sache.

Am 25. August 1988 kam **Vision der Dunkelheit** in die deutschen Lichtspielhäuser. Damals war bereits von einigen Kürzungen bei der Traumsequenz, in der Dr. Alex Dr. Berrisford mit dem Wagen tötet, die Rede. Ob es sich dabei allerdings um Eingriffe der MPAA für ein R-Rating handelte oder ob der deutsche Verleih diese Szenen umschneiden ließ, damit der FSK wegen der Selbstjustiz Thematik nicht wieder die Tränen kamen, kann nicht genau gesagt werden. Trotzdem ist es verwunderlich dass bis auf diese Umschnitte (Alibifunktion ick hör dir tapsen) alle anderen Gemeinheiten unangetastet geblieben sind. Und das bringt uns zu den beiden hier vorliegenden Auflagen von ...

Im März 1989 erschien die 1. Auflage in einer schicken Hartbox (Anm. d. Red.: brauch ich noch!) in den Videotheken. Der große Einleger folgte kurze Zeit später.

1993 sollte dann noch eine Vision, ähm, Version für das Kaufhaus erscheinen. Um ganze 4 Minuten wurde **Vision der Dunkelheit** erleichtert. Von den Effekten ist nichts mehr vorhanden und teilweise kann man einigen Passagen somit schwer folgen. Aber kommen wir zu den gestalterischen Unterschieden:

Was ich mit Entsetzen feststellen musste: Die Originalauflage ist völlig unscharf. Die 16er hat ein wesentlich schärferes und satteres Cover vorzuweisen, besonders gut kann man das an der Hand erkennen. Da hat damals irgendwer ziemlich geschlampt.

Vergessen war gestern, wir sprechen darüber!

Geschmacks-
sache: Der
Rücken sieht
bei der 16er
wesentlich hüb-
scher gestaltet
aus. Einer der
wenigen Vor-
teile der frühen
1990 Jahre,
man gab sich
für die Kunden
im Kaufhaus
etwas mehr
Mühe.

Die Rückseite der 16er zeigt hier drei Por-
trait Bilder anstelle von Zwei Halbtotalen.
Doch der wichtigste Unterschied liegt in
dem roten Eckstreifen am oberen linken
Bildrand. Während bei der Verleihfassung
dort der Hinweis auf Trailer eingebettet ist,
steht bei der Kaufhausversion neu bear-
beitet Fassung! Hier finde ich den Hinweis
durchaus passend, die meisten entstellten
damals die Frontcover mit ihren Hinweisen.
Doch dieser dezente Streifen reicht völlig
aus.

ZUM ABSCHLUSS NOCH ETWAS INTERESSANTES:

Die Einzige offensichtliche Zensur der 1.
Auflage sowie des Kinoplakates. Jede Pos-
tervariante hat eine grüne Hand anstelle der
verbrannten Roten. Es gibt auch Varianten
der roten Hand ohne dem Schatten des
Messers.

DROIDEN-KLOPPE A LA HONG KONG STYLE

Soll eine Komödie sein. Ja, so kann man das sehen. Bei den Asiaten weiß man manchmal nie so genau was sie mit ihren Filmen bezwecken wollen. Fest steht, dass sie das ein oder andere Mal zu einer...ich möchte sagen...skurrilen Absurdität fähig sind. Da bildet dieser Film keine Ausnahme.

Ich fasse zusammen nochmals kurz: Ein toter japanischer Wissenschaftler programmiert seine Seele in einen Cyborg. Der metzelt dann den alten Arbeitgeber des Wissenschaftlers entzwei und weil das moralisch zwar gerechtfertigt, aber rechtlich fragwürdig ist, wird ihm als Gegner das chinesische Pendant Robotrix entgegengestellt. Ihres Zeichens ein heißes Ding. Und nun wird sich geprügelt.

Mann gegen Frau, Cyborg gegen Robotrix, Japan gegen China. Und mein lieber Mann, dem Drehbuchschreiber waren wohl wirklich ein paar Schrauben locker als er das hier zusammenschusterte. Aber sei es drum; Hong Kong B-Film-Science-Fiction-Gekloppe vom Allerfeinsten wird hier dargeboten. Am Besten lässt sich dieser Klassiker bei einer Flasche Stroh 80 feiern. Ganz großes Videothekenkino mit Schmuddelfaktor.

Vergessen war gestern, wir sprechen darüber!

Die palästinensische Terroristin Samira wird bei dem Versuch, sie gefangenzunehmen, so schwer verletzt, daß sie zu sterben droht. Doch einem Ärzte - Team des CIA gelingt es, ihr Leben zu retten und ihr einen Mikrochip im Gehirn einzupflanzen, der sie zur willenlosen Kampf-maschine machen soll. Während eines Kampfeinsatzes brennt jedoch ein Schaltkreis durch und so wendet sich die Menschma-schine gegen ihre „Schöpfer „ . .

In den tiefsten Weiten der **„Di-rect-to-Video"**-Ära der 1980er Jahre kamen immer mal wieder Filme in die Läden, die ganz ungeniert bei den großen Vertretern des Genres abkupferten. Ab und an kam mal was Originelles dabei heraus. Manch-mal nur Grütze. Dieser Film ist jetzt kein Meilenstein, aber eine grundsolide Action-perle dieser Zeit.

Der Anfang ist auf einer kleinen grie-chischen Insel. Reges Treiben findet auf einen örtlichen Wochenmarkt statt, mitten im Nirgendwo eines kleines Dorfes. Ein Touristenbus fährt an diesen Ort. Insassen sind Kinder, die sich die Gegend anschei-nend mal ansehen wollen. Es wird gehan-delt, gefeilscht, gelacht und so weiter. In vielen kleinen Zwischensequenzen sieht man einzelne Personen mit großen Wum-men auf Dächern stehen.

Einige auch in der Menschenmenge. Eine Frau (natürlich überhaupt nicht auffällig... Ironiemodus off) blickt fragend und düster drein. Der Bus hält. Spannungssteigern-de 80er Jahre-Synthiemusik fördert den

Suspense. Die Kinder steigen aus. Und dann geht es los. Die Wummenträger und die Frau ballern alles nieder was sich nicht verstecken kann. Keiner bleibt verschont. Auch die Kinder nicht. Blutüberströmt liegen sie da. In einer langsamen Kame-rafahrt zum Schluss des Massakers sehen wir ein wahres Leichenfeld. Die Frau namens Samira, dargestellt von Sandahl Bergman, kidnappt dann noch ein paar Kinder zwecks Geiselnahme. Sie flieht nach Beirut. Da das nicht ohne Folgen bleiben kann wird der CIA-Agent Eric Mathews (Robert Ginty) auf sie angesetzt. Er befreit die Geiseln. Viele Terroristen bleiben tot zurück. In einen Schlauchboot liefer sich Eric und Samira einen blutigen Kampf. Samira überlebt schwerverletzt. Aber Eric denkt sie wäre tot. Zurück in den Staaten befindet sich Eric im Kran-kenhaus. Sein Sohn (der ganz junge und bereits verstorbene Paul Walker) fotogra-fiert ihn. Später entdeckt Eric im Hinter-grund auf den Foto ein Krankenbett mit Samira. Hat sie also doch überlebt. Aber warum? Samira soll umoperiert werden zu einer Art Supersoldatin für die CIA. Sinn und Zweck der OP: sie wird per Computer programmiert andere Terroristen ausfindig zu machen und zu töten.

In einer durchaus blutigen OP-Sequenz sieht man das Ganze auch schön explizit. Samira wird wieder auf die Menschheit losgelassen. Eric bekommt das mit und macht Jagd auf Samira. Und natürlich spinnt irgendwann das Programm herum und Samira macht was sie will.

Klingt alles bekannt und zusammen-geschustert aus anderen Filmen? So in etwa wie eine Art *ROBOCOP IN BÖSE*? In der Tat. Unverkennbar sieht man wo sich die Macher haben inspirieren lassen. Dennoch kann man den Film eine gewisse gradlinige Faszination nicht absprechen. Konsequent werden Regeln des Films gebrochen. Vor allem an Anfang. Das zieht sich dann zwar nicht unbedingt durch den ganzen Film, aber für nette Thrillerunterhaltung ist gesorgt. Zudem bietet der Film mit Samira einen netten weiblichen Bösewicht. Sandahl Bergman

spielt Samira mit stoischer Miene und das gekonnt. Bergman kennt man vielleicht als Valeria aus *CONAN, DER BARBAR (1982)*, für den sie sogar den Golden Globe bekam. Aber sie war auch in *RED SONJA (1986)* zusehen als Queen Ge-dren. Eigentlich sollte sie für RED SONJA die Hauptrolle bekommen, aber es kam anders. Die 1,77 Meter große Bergman , die all ihre Stunts in CONAN selbst mach-te, sieht man in diesen Film an, dass sie

eine echt gute Actionfilmdarstellerin hätte werden können. Aber daraus wurde nicht wirklich was. So sah man sie dann eher in B-Filmen wie *TRUCKER 2 (1992)*.

Ihr männlicher Gegenpart wird von Robert Ginty gespielt. Bekannt wurde er durch die Serie *PAZIFIKGESCHWADER 214 (1976 – 1978)* und spielte da-nach in Filmen mit wie *COMING HOME (1978)* oder *DER EXTERMINATOR (1980)*. Das hätte auch sein großer Durchbruch werden können. Hätte, denn so wirklich durchgesetzt hat auch er sich nicht. Schade eigentlich.
Gedreht wurde das Ganze vom Regieduo Alan Holzman und Robert Short. Holzman ist vornehmlich Cutter und schnitt solch Filme wie *MUTANT – DAS GARUEN IM ALL (1982)* oder die TV-Reihe *SURVI-VORS OF THE HOLOCAUST (1996)* für den er den Emmy bekam. Robert Short hingegen drehte nur ein paar Zusatzsze-nen und verfasste das Drehbuch. Sein eigentliche Profession sind Spezialeffek-te. Und war so erfolgreich, dass er 1989 den Oscar bekam für das beste Make-Up für *BEETLEJUICE*.

Produziert wurde das Ganze unter an-derem von Moshe Diamant, der bereits enorm viele Filme sein eigen nennt. So *TIMECOP (1994)* oder *HARTE ZIELE (1993)*. Für die Musik war Jerold Immel verantwortlich, der die Titelmelodie von den TV-Serie *DALLAS (1978 – 1991)* und *UNTER DER SONNE KALIFORNI-ENS (1979 – 1993)* komponiert hat. Der Film kam im April *1987* in die US-amerikanischen Kinos. In Deutschland im Juli desselben Jahres. Es gibt ihn heut-zutage bislang nur auf VHS. Ich finde im Zuge von vielen Veröffentlichungen aller-lei Mumpitz könnte man diesen durchaus mal neu raus-   bringen. Lohnen würde es sich durchaus.

Sung Tse-Kit ist Polizist, sein Bruder dagegen ein erfolgreicher Krimineller. Immer wieder geraten beiden Geschwister aneinander, doch dann verspricht Tse-Ho, sich zu bessern. Durch einen Ver aus den eigenen Reihen gerät Tse-Ho ins Gefäng nis. Nach seiner Entlassung beschließt er, sich v seiner kriminellen Vergangenheit abzuwenden.

nicht beteiligt war, schwört Rache an den Verrätern seines Freundes zu nehmen. Nachdem er sie aufgespürt hatte, folgt ein epischer Schusswechsel mit dutzenden Toten und gefühlten 50.000 Schuss Munition. Mark wird im Kugelhagel am Knie verletzt, welches nicht mehr zu flicken war. Seitdem wird sein Bein durch eine Metallschiene gestützt und er kann nur noch Aushilfsjobs ausüben. Ho wird nach einer dreijährigen Haftstrafe entlassen und beschließt nun, ein ehrliches Leben zu führen. Er besucht seinen Bruder Kit... doch der will nichts mehr von seinem Bruder wissen, da er ihm die Schuld daran gibt, dass er in seiner Karriere nicht weiter kommt, da sein Chef es nicht vor seinem Vorgesetzten rechtfertigen kann, einen Mann zu befördern, dessen Bruder bei den Triaden tätig war. Außerdem gibt Kit ihm ebenfalls die Schuld an der Ermordung ihres Vaters. Ho ist enttäuscht, akzeptiert die Reaktion seine kleinen Bruders. Er begibt sich auf die Suche nach seinem alten Freund Mark. Dieser, schwer gezeichnet durch sein verkrüpeltes Bein, arbeitet nun als Handlanger für den neuen Syndikatsboss Ching (Waise Lee), welcher damals als Hauptverräter für die Verhaftung von Ho verantwortlich war.

A BETTER TO-MORROW (1984) ist ein chinesischer Actionfilm (und der erste Teil einer Trilogie) von Regisseur John Woo und Produzent Tsui Hark.

Ho (Ti Lung) und Kit (Leslie Cheung) sind Brüder, die unterschiedlicher nicht sein könnten. So strebt Kit eine vielversprechende Karriere bei der Hongkonger Polizei an, während Ho als Triadenmitglied mit seinem Freund Mark (Chow Yun-Fat) seine Brötchen verdient. Kit ahnt noch nichts von den kriminellen Machenschaften seines Bruders... bis Ho bei seinem letzten Deal verraten und bei der Geldübergabe nach einer Schießerei von der Polizei verhaftet wird. Mark, der an diesem Deal

英雄本色

Ching zwingt Ho für ihn zu arbeiten. Da Ho aber geschworen hat, seiner kriminellen Vergangenheit und den Triaden den Rücken zu kehren, wird Mark daraufhin beinahe zu Tode geprügelt.

So versucht Ching Ho dazu zu bringen, wieder für ihn zu arbeiten. Dass dieser Schachzug genau zum Gegenteil führt, ahnt er jedoch nicht. Ho und Mark haben einen Plan, wie sie Ching zur Strecke bringen können. Sie überzeugen Kit von ihrem Vorhaben, die Triade zu vernichten. Ho hat ein Tonband in seiner Gewalt, mit dessen Inhalt er die Organisation erpresst. Am Ort der Geldübergabe kommt es zum großen Showdown, bei dem sich Triade und Polizei gegenüber stehen - und Mark, Ho & Kit stehen mittendrin...

Der 1946 in China geborene John Woo führt bei diesem actiongeladenen Meisterwerk (und der Geburtsstunde des **HEROIC BLOODSHED** Sub-Genres) Regie. Woo ist bekannt für seine exzessiven Shootouts, welche er meist mit der simultanen Benutzung von zwei Waffen untermalt. Ästhetik ist ihm sehr wichtig... so gab man den liebevoll arrangierten Shootout-Choreographien den passenden Namen *„Bullet Ballett"*. Werte wie Ehre, Loyalität und Freundschaft gehören ebenfalls zu den zentralen Elementen von Woo's Arbeiten. Er wollte die Tugenden der Schwertkämpfer aus den alten Samuraifilmen auf die Helden der Moderne ummünzen.

A BETTER TOMORROW wurde in Deutschland zuerst unter dem Namen **CITY WOLF** veröffentlich. Der Herausgeber IVE wollte wohl auf den Hollywood-Zug aufspringen, welcher Passagiere wie

CITY COBRA (Sylvester Stallone) und **CITY HAI** (Arnold Schwarzenegger) an Bord hatte. Dies ist aufgrund der unterschiedlichen Thematik der Filme eher unglücklich gewesen. ABT hatte es hierzulande auch schwer, unberührt durch die Zensur zu kommen. So existieren alleine in Deutschland mittlerweile über 15 Auflagen in verschiedenen Fassungen, welche - mal mehr/mal weniger - gekürzt, verstümmelt und vergewaltigt sind. Lediglich das Label ASTRO veröffentlichte die ungekürzte Fassung auf VHS und Laserdisc. Ebenfalls uncut ist das VHS-Bootleg von GMT, da hierfür die Laserdisc von ASTRO als Master verwendet wurde. Ein erneutes Uncut-Bootleg kommt aus dem Hause ASIA CULT MOVIE und wurde im, auf 999 Stück limitierten, Mediabook (Blu-ray & DVD-Kombo) auf den Markt geworfen.

Der Film konnte zwei Preise bei den Hong Kong Film Awards abräumen. Chow Yun-Fat wurde als bester Schauspieler ausgezeichnet und ABT erhielt den Preis als bester Film. Er wurde in neun weiteren Kategorien zwar nominiert, konnte aber leider keinen zusätzlichen Preis mehr gewinnen.

A BETTER TOMORROW zog zwei Fortsetzungen und ein Remake nach sich:

- A BETTER TOMORROW 2 A.K.A. CITY WOLF II - ABRECHNUNG AUF RATEN (1987)
- A BETTER TOMORROW 3 A.K.A. CITY WOLF III - HEXENKESSEL SAIGON (1989)
- A BETTER TOMORROW 2K12 (2010)

Chow Yun-Fat spielte in beiden Fortsetzungen wieder die Hauptrolle. Er machte allerdings kein Geheimnis daraus, dass er die beide Nachzügler nicht mag.

Indiziert ist ABT seit dem 30.12.1988. Und da am 29.11.2013 die Folgeindizierung ausgesprochen wurde, ist es wohl noch ein weiter Weg bis zu einer offiziellen, deutschsprachigen Uncut-Veröffentlichung.

IMDb 7,6/10 (Stand 09.12.2017)

#RetroFilmFakten zu A BETTER TOMORROW:

- Produzent Tsui Hark hat einen Cameo-Auftritt als Mitglied einer Jury in der Musikschule.

- Regisseur John Woo hat einen Cameo-Auftritt als Polizist.
- Schauspieler Leslie Cheung (Kit) war vor seiner Karriere als Schauspieler ein Popstar in China. Er singt den Titelsong zum Film. 2003 beging er Selbstmord, indem er aus dem Fenster des Hongkonger Mandarin Oriental sprang. Grund waren Depressionen.
- Schauspieler Chow Yun-Fat (Mark) war vor diesem Auftritt ein Seifenopern-Darsteller.
- John Woo soll Chow Yun-Fat nur verpflichtet haben, da er nicht wie der klassische Actionheld aussieht, sondern wie ein Mensch, der wider seinen Willen üble Taten machen muss, wenn man ihm keine andere Wahl lässt.
- Der Style des Charakters Mark war bei den Jugendlichen so beliebt, dass im Umkreis von Hong Kong die Nachfrage an Sonnenbrillen von Alain Delon und Trenchcoats rapide anstieg. Alain Delon soll sich angeblich per Brief bei John Woo für die Unterstützung bedankt haben.
- A BETTER TOMORROW ist ein freies Remake von TRUE COLORS OF A HERO aus den 60ern.

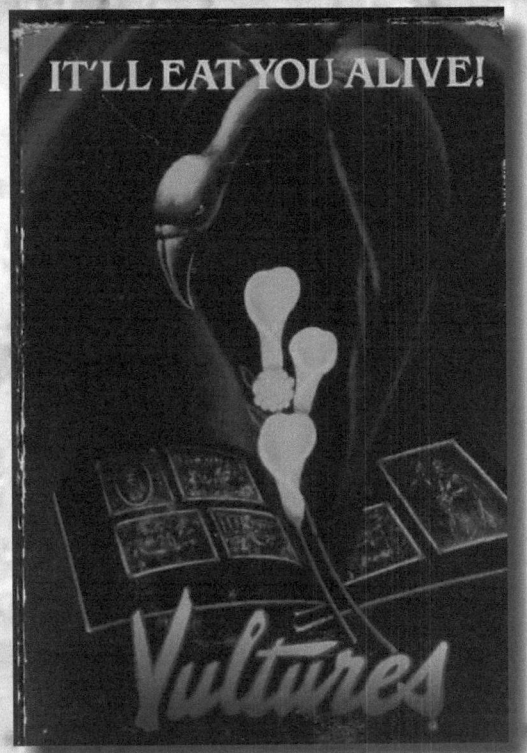

Horror und Thriller vermischte **1983** Regisseur Paul Leder mit dem Film **ZEIT DER GEIER** (Original: Vultures), der Titel lässt erahnen das es sich um einen Western handeln könnte, doch weit gefehlt. Paul Leder war eher im B-Movie Sektor als Regisseur unterwegs. Viele seiner Werke sind bis heute sehr unbe-kannt und nur geringfü-gig auf DVD erschienen. Auch kann er sich mit **ZEIT DER GEIE**R nicht unbedingt mit Ruhm bekleckern.

Die Story des Films ist oft sehr langat-mig und dialoglastig. Das erfordert sehr viel Aufmerksamkeit vom Zuschauer und mindert leider auch oft den Schauwert der Story. Da nützt es auch nichts wenn man eine kleine Rige von B-Movie Darstellern im Cast vorweisen kann. Alle Darsteller agieren auf hohen Niveau und können in ihren Rollen überzeugen. Bedenkt man das manche von Ihnen bereits am Ende ihrer Karriere waren bzw. ihren Höhepunkt schon lange überschritten hatten.

ZEIT DER GEIER wurde mit Stuart Whitman, Yvonne De Carlo und Maria Perschy abwechslungsreich besetzt.

Doch der Plot wirkt gut konstruiert und kann vor allem zum Finale mit einem Twist aufwerten. Durch die langsame und ausufernde Darstellung der Story kann nur wenig Spannung aufkommen. Bislang ist **ZEIT DER GEIER** nur auf VHS in Deutschland erschienen. Ob diese Fassung gekürzt oder ungeschnitten ist, ist leider nicht bekannt.

Ramon, der wohlhabendste des gesamten Carcia-Clans, liegt im Sterben. Nicht ohne Hintergedanken ruft er seine Familie zu sich nach Acapulco. Sie kommen alle – und in ihren Augen schimmert die Hoffnung und der Glanz des Geldes. Aber die Sterne des Clans stehen schlecht. Die Kristallkugel der Wahrsa-gerin offenbart den tragischen Untergang des ganzen Carcia-Clans.

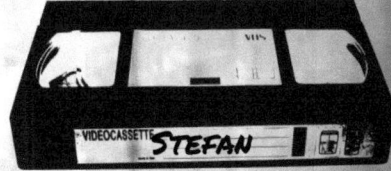

Vergessen war gestern, wir sprechen darüber!

Der Millionär im Fledermaus-Kostüm ist wahrscheinlich der populärste Superheld aller Zeiten. Klar, Superman hat das Genre erst erfunden, aber Batman hat über die Jahre hinweg immer wieder die Menschen für sich überzeugen können. Dies belegen alleine die unzähligen Verfilmungen, die es zu dieser Comic-Figur gibt. Von einem alten schwarz-weiß Schinken, über die Adam West-Serie (inklusive eigenem Spielfilm) und Tim Burtons Kassenschlager sowie Joel Schumachers dürftigen Fortsetzungen bis hin zu Christopher Nolans OSCAR-gewinnender Trilogie und den jüngsten Snyder-Adaptionen. Jede Generation hatte ihren Batman und keine gleicht der anderen. Es lässt sich bestimmt so einiges über die verschiedenen Altersgruppen anhand dessen aussagen, wie sie den *„Dunklen Ritter"* interpretiert hat. Jede Reihe, ja jeder einzelne Film, ist ein faszinierendes Produkt und auch Spiegel seiner Zeit, ungeachtet dessen, wie gut und/oder erfolgreich der jeweilige Film war.

Sei es bunt und cartoon-haft (West), in klassischer Blockbuster-Manier (Keaton), hyperaktiv kommerziell (Kilmer/Clooney), düster und realistisch (Bale) oder aber im modernen „Graphic Novel"-Look voller Zeitlupen (Affleck): Batman ist zwar vielseitig und wandelbar wie vermutlich kaum ein anderer Comic-Held, aber irgendwo bleibt er immer Batman.

Jeder Film-Fan hat seine Lieblingsinterpretation, wobei die Filme von Burton und Nolan insgesamt wohl am meisten bevorzugt werden...und unzählige waschechte Retroisten werden natürlich auch immer eine Lanze für West brechen!

In diesem Artikel möchte ich mich aber mit der Musik beschäftigen, die die Fledermaus bei ihren diversen Abenteuern untermalt. Genauer gesagt, mit den Scores zu den

vier Spielfilmen, die mehr oder minder als eine Reihe zu sehen sind: **BATMAN(1989)** und **BATMAN RETURNS(1992)** von Danny Elfman und **BATMAN FOREVER(1995)** und **BATMAN&ROBIN(1997)** von Elliot Goldenthal.

Hier sei nochmal betont, dass ich mich nicht mit den Song-Alben auseinander setzen werde...alle Fans von Prince, Seal oder R. Kelly muss ich somit leider enttäuschen. Hier geht es gänzlich um die orchestrale Filmmusik wie sie Elfman und Goldenthal komponiert haben. Dabei beziehe ich mich hauptsächlich auf die drei Standard-Alben der ersten 3 Filme und muss beim Vierten, da es keine offizielle Veröffentlichung gibt, leider nur den Film selbst zurate ziehen. Aber dazu später mehr.

BATMAN (1989)

Tim Burtons Verfilmung des dunklen Ritters war ein Riesenhit und gilt für viele heute auch noch als Maßstab, wenn es um Comic-Filme geht. Ende der 80er gab es kaum Interesse an dem Genre, wo die letzten zwei **SUPERMAN**-Filme die Qualität Richard Donners vermissen ließen und in absurdem Schwachsinn endeten und Batmans Bildschirm-Dasein von billigen Kostümen und lustigen Sound-Effekten geprägt waren. Dennoch wagte Warner den Versuch, Batman neu zu verfilmen und Adam Wests Camp-Ära dafür zu vergessen.

Der relativ neue Tim Burton bekam den Auftrag und schaffte es gekonnt, den Helden angemessen düster auf die Leinwand zu bringen, ohne aber die bunten Comic-Ursprünge völlig zu ignorieren. Eine Gratwanderung, die sich auszahlte, besonders, weil vorweg wenig Vertrauen herrschte. Komödien-Star Michael **„Beetlejuice"** Keaton wollte man weder als Batman noch als Bruce Wayne sehen. Lediglich Jack Nicholson als Joker galt als Silberstreif.

Unnötig zu erwähnen, dass der Film dann anlief und Publikum wie auch Kritiker ihn liebten und Keaton lange Zeit als der ultimative Batman galt und den „unerreichbaren Maßstab" für alle Folgebesetzungen darstellte.

Wer ebenfalls mit viel Skepsis konfrontiert war, war Komponist Danny Elfman. Ursprünglich Musiker in der Band Oingo Boingo, hatte Elfman bisher nur wenige erwähnenswerte Filme wie **PEE-WEE'S BIG ADVENTURE, MIDNIGHT RUN** oder ebenfalls **BEETLEJUICE** vertont. Nichts davon erschien Filmmusik-Kritikern einer düsteren Batman-Verfilmung würdig. Besonders nicht, wo doch Großmeister John Williams für dessen Gegenstück SUPERMAN so reingehauen hatte.

Wie Keaton und Burton zeigte aber auch Elfman, was er wirklich konnte. Sobald der Vorspann beginnt und man das Hauptthema serviert bekommt, weiß man woran man ist. Es ist einfach großartig. Es hat Wiedererkennungswert, repräsentiert die Figur, den Film und zieht sich auch durch die gesamte Story. Da kann Hans Zimmer noch so oft über „fröhliche Zirkusmusik" ablästern: SO geht ein Thema.

Wo dieser „Zirkus-Klang" dann doch tatsächlich aufkommt, ist in den Actiontracks und ehrlicherweise finde ich die auch manchmal recht anstrengend (beispielsweise **„Roof Fight"** oder **„First Confrontation"**), aber das ist lediglich mein Geschmack und mindert die Qualität nicht im Geringsten. Sie passen schon in den Film, aber sind nun mal nicht für alle Ohren geschaffen.

Besonders toll ist, wie Elfman das Batman-Thema so organisch wie möglich in die Actionszenen einarbeitet. In so vielen heutigen Comic-Filmen hören wir das Main Theme im Vor- und Abspann und das war's, aber hier erinnert uns die Musik regelmäßig, um wen es eigentlich geht. Das Duo **„Charge Of The Batmobile"** und **„Attack Of The Batwing"** demonstrieren genau was ich meine. Das Thema schallt uns aber auch nicht auf Dauerschlaufe entgegen, sodass der Hörer nachher abgestumpft wird und die Melodie an Wirkung verliert. Da vergehen schon mal ein paar Minuten, bis man es dann aber mit voller Wucht hört.

Und wann immer man nicht Batmans Thema hört, weiß Elfman uns anderweitig durch die Handlung zu führen. Da gibt es das Liebes-Thema das auf einem der Prince-Songs basiert oder aber natürlich auch die Musik für den heimlichen Show-Stealer des Films: Jack Nicholsons Joker!

Bis heute streiten sich die Fans um die besten Joker und Nicholson ist immer ganz vorne dabei.Überdreht und bunt, aber doch so charmant-bedrohlich, dass es einem eine Gänsehaut unter die Fußsohle jagt. Dank ihm werde ich mir nie von einem Clown die Hand schütteln lassen.

Elfman gelingt es, Nicholsons Performance in Musik zu fassen. Ein leicht-komödiantischer Walzer, der mal mehr und mal weniger pompös daher kommt, immer am Rande der Lächerlichkeit, ohne aber je völlig dahin abzudriften. Siehe, **„Kitchen, Surgery, Face-Off"**. Gruselig wird es dann, wenn Danny die Spieluhr auspackt, was man gut in **„The Joker's Poem"** und am Ende von „The Final Confrontation" erleben kann.

Treffen Batman und Joker aufeinander, eröffnen diese stilistischen Entscheidungen auch Möglichkeiten, die Kämpfe musikalisch zu untermalen. Die zwei Rivalen waren schon immer als Kontrast-Figuren zueinander konzipiert. Das Yin-Yang der Comic-Welt, wenn man so will. Die düstere, schwarze, in sich gekehrte Gestalt die für das Gute kämpft gegen einen lachenden, farbenfrohen Clown der das Böse will. Ebenso treten im Orchester düstere Heroik gegen fröhliche Bosheit an. Schlicht und ergreifend ein Geniestreich.

Zu guter Letzt möchte ich noch deutlich, die bereits oben erwähnte, Orchestratorin Shirtley Walker hervorheben.

DANNY ELFMAN

Danny Elfman hat großartige Themen geschaffen und diese hervorragend als Erzählmittel genutzt, doch ohne Walkers Hilfe wäre das Gesamtwerk nur halb so eindrucksvoll. Elfmans Filmographie bot bis zu diesem Zeitpunkt nie die Möglichkeit für eine volle Orchester-Partitur und so fehlten ihm einfach, trotz großem musikalischen Talent, die Erfahrungen, ein Orchester bestmöglich zu nutzen.
Hier kam Walker ins Spiel und setzte Elfmans melodische Erzählungen in mehrstimmige, sinfonische Werke um. Natürlich waren einige von Elfmans typische Stilmittel damals schon vorhanden, aber viele weitere seiner, heute noch markanten, Eigenheiten, gehen auf seine Lehrzeiten bei Walker zurück. Der Chor in „Descent Into Mystery" ist vielleicht eins der besten Beispiele für ein heutiges Elfman-"Klischee".

Walker wurde dann ja auch als Komponistin für die Batman-Trickserie engagiert und auch wenn sie dafür ihr eigenes Thema schrieb, war es doch sehr stark an Elfmans angelehnt.

BATMAN RETURNS (1992)

Drei Jahre nach dem riesigen Erfolg von **BATMAN** folgte die obligatorische Fortsetzung. Und nun, da sich Burton, Keaton und auch Elfman das Vertrauen des Publikums und somit auch des Studios erarbeitet hatten, hatte man auch etwas mehr Freiheiten und Burton konnte die heute so beliebte Düsternis seiner Seele zur Schau stellen.

BATMAN RETURNS ist dunklerer, skurriler und auch erwachsener. Die bunten Farben des Jokers weichen den ebenfalls völlig schwarzen Kostümen des Pinguins und Catwomans, Hat der Joker hier und da mal eine kleine Zweideutigkeit fallen lassen, zeigt sich DeVitos Pinguin gleich offensiv-pervers.

Viele Fans sehen **BATMAN RETURNS** auch als den besseren der beiden Burtons an, wohingegen die Kritiker-Reaktionen und Einspielergebnisse bei der Veröffentlichung doch eher verhalten waren.

ELLIOT GOLDENTHAL

Für mich persönlich stehen beide ziemlich auf einer Stufe. Im Allgemeinen mag ich den düstereren Ansatz und das romantische „Katz und (Fleder)maus"-Spiel finde ich auch deutlich besser gelungen als die Romanze zwischen Wayne und Vale im ersten Teil. Dafür ist mir die Pinguin-Armee im Finale etwas arg an der Schumacher-Grenze, aber gut...es ist eben niemand perfekt.

Völlig überzeugt bin ich hingegen von Elfmans Musik. Der Zirkus-/"Simpsons"-Sound des ersten Teils wurde stark zurückgefahren und wenn er auftaucht, dann sind es eben auch Szenen in denen der gruftige Carnival des Pinguins auf Feldzug ist („**Batman Vs. The Circus**"). Insgesamt taucht er aber nur selten auf und deswegen ist der Klang für mein Gehört einfach angenehmer.

Auch die Themen sprechen mich viel stärker an. Batmans Thema ist natürlich wieder von der Partie und hat nichts von seiner Wirkung verloren. Ihm gegenüber gestellt werden zwei Bösewichts-Themen.

Zum Erst haben wir das schöne, verführerische Catwoman-Thema. Überwiegend von hohen Streichern gespielt, bekommt seinen wahrscheinlich besten Moment gleich zu Anfang des Films in „**Selina Transforms**". Ab und an übernimmt auch mal das Glockenspiel.

Mein Highlight ist aber das Pinguin-Thema, welches eine wundervolle Tragik mit sich bringt und auch am meisten Beachtung von Elfman bekommt. Verübeln kann man es ihm auch nicht...vom ersten Track an lässt einen die Melodie einfach nicht mehr los. „**Birth Of A Penguin**" ist das Stück, welches am meisten von mir gespielt wird.

Bemerkenswert ist das Thema auch deswegen, weil Elfman mit ihm sein bis heute größtes Klischee einführte: Ein Kinderchor, der irgendwo zwischen „schön" und „sch***ens-gruselig" umherschwebt. Auch wenn Elfman natürlich in unzähligen Genres versiert ist, ist das doch gleich das Erste, das einem in den Sinn kommt, wenn man seinen Namen auf einem Plakat liest. In Stücken wie „The Rise..." ist Elfman aber auch subtil und lässt das Pinuin-Thema vom Fagott spielen...gefährlich lauern.

Pop-Songs von Prince finden sich übrigens keine in diesem Film und ein Song-Album hat es auch gar nicht erst gegeben. Aber für Fans gesungener Musik gibt es dennoch ein kleines Extra: Burton schaffte es, die Produzenten zu überreden, eine Gesangsnummer seiner Lieblingsband **Siouxsie And The Banshees** in den Film einzubauen, an der Danny Elfman auch selbst mitgeschrieben hat. Der geübte Hörer kann sogar Anspielungen an die Themen von Catwoman und dem Pinguin im Hintergrund finden.

Alles in Allem würde ich **BATMAN RETURNS** nicht unbedingt als Besseren der beiden **BATMAN**-Soundtracks von Elfman bezeichnen, aber es ist eindeutig mein Bevorzugter. Die Themen haben mich stärker gepackt, der Gesamtklang entspricht eher meinem Geschmack und mit Chören hat man mich eh auf seiner Seite.

WEITER AUF SEITE 38....

„In meinem Kopf ist eine Ach-
terbahn. Völlig abgehoben, keine
Schwerkraft mehr. Nur noch Du
und ich und ein Lichtermeer. Und
ein Lichtermeer. Gefühle ausser
Plan, wie in 'ner Achterbahn."

Standhaften Bierzelt- und Schlagerfans dürfte dieser Refrain Auszug aus dem Song „Achterbahn" von Helene Fischer sicher geläufig sein. Warum man eine Kritik mit einem Zitat besagter Sängerin beginnt? Weil sich in meinem Kopf auch eine *„Achterbahn"* befindet, nachdem ich den gleichnamigen Thriller aus dem Jahr *1977* gesehen habe, was für eine Überleitung! Denn hier soll es immer noch um interessante Filme gehen, ist doch klar! Und genau in diese Kerbe schlägt James Goldstones 70er Kracher, der kürzlich von *„Koch-Media"* neu auf Blu-Ray veröffentlicht wurde. Ob dieses Werk heute noch zu begeistern weiß, oder so geschmeidig an Einem vorbei zieht, wie die Songs von Helene Fischer, erfahrt ihr hier in aller Ausführlichkeit!

In den guten alten 70er Jahren erfreute sich das Genre des Katastrophenfilms großer Beliebtheit. *„Flammendes Inferno"* *(1974)*, *„Die Höllenfahrt der Poseidon"* *(1972)*, *„Erdbeben" (1974)* oder diverse Ableger der *„Airport"*-Reihe lockten die Kinozuschauer weltweit in die Lichtspielhäuser. Die Formel war einfach, aber effektiv: Man nehme eine spektakuläre Katastrophe, setzt diese opulent in Szene und verfrachtet dann eine Mischung aus populären Stars und altgedienten Schauspielveteranen in die entsprechende Szenerie. Die Rechnung ging auf, denn Filme

wie *„Airport" (1970)* machten ordentlich Kasse. Entsprechendes Marketing verwendete man auch bei *„Achterbahn"* aus dem Jahr *1977*. Ein Metier, was sich gut mit einer Katastrophe in Einklang bringen lässt und Darsteller, wie George Segal, Richard Widmark und Henry Fonda im Ensemble. Allerdings stellte sich dies als gewiefter Werbeschwindel heraus, denn „Achterbahn" ist keineswegs ein spektakulärer *„Airport 2.0"*, sondern ein spannender Thriller in bester Tradition von *„Stoppt die Todesfahrt der U-Bahn 123" (1974)*.

Die Geschichte dreht sich um einen skrupellosen Erpresser, der es auf Achterbahnen in großen Vergnügungsparks abgesehen hat, um diese mit Sprengsätzen zur Entgleisung zu bringen, es sei denn man zahlt ihm eine Millionen US-Dollar. Der technische Inspektor Harry Calder schaltet sich ein, nachdem er als Erster einen Anschlag hinter den „Unfällen" vermutet. Gemeinsam mit dem FBI macht er sich daran, dem Erpresser eine Falle zu stellen. Doch dieser scheint den Ermittlern immer einen Schritt voraus zu sein. Ein Wettlauf gegen die Zeit beginnt!

Wie schon angesprochen, handelt es sich bei *„Achterbahn"* mehr um einen Thriller, der seinen Reiz eher durch die Spannung und den Suspense bezieht, als durch groß angelegte Action und optische Schauwerte. Schon die Eröffnungsszene erweist sich als absoluter Nervenzerrer. . Wir sehen unseren Erpresser, dessen Aussehen uns von Anfang an bekannt ist, bei seinem ersten Anschlag. Der Film zieht hier Spannungsschraube ordentlich an. Wir wissen zwar, dass etwas passieren wird, doch Regisseur Goldstone spannt uns auf die Folter.

ACHTERBAHN

In bester Hitchcock-Manier lässt man den Zuschauer mitfiebern, bis sich der Film schließlich entlädt, was einem durchaus an die Nieren geht. Jeder saß schon mal in einer Achterbahn und fast jeder hatte schon mal den Gedanken, was wohl passieren könnte, wenn eine Schraube zu locker sitzt. Dieses Gefühl geht Hand in Hand mit dem, was im Film passiert. Danach bekommen wir einen handfesten Krimi präsentiert, ein Katz- und Maus Spiel. Das Drehbuch glänzt durch gute Ideen, erzeugt bedrohliche Szenarien. Immerhin stehen in so einem gut besuchten Vergnügungsparkt ein paar Menschenleben auf dem Spiel. Auch wenn man größtenteils gängigen Konventionen des Thrillers folgt und dieser Pfad selten verlassen wird, erweist sich das, von Sanford Sheldon, Richard Levinson und William Link geschriebene, Skript als äußerst wirkungsvoll.

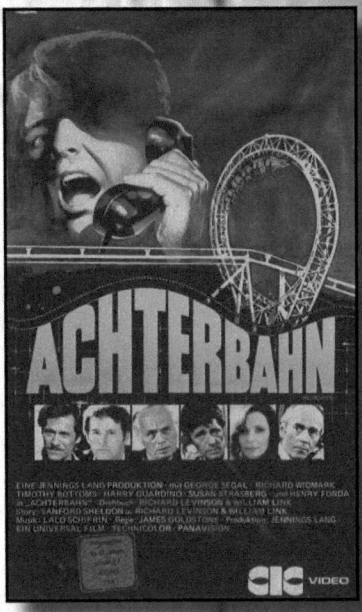

Auch Regisseur Goldstone, der eher für TV-Arbeiten bekannt ist, unter anderem inszenierte er die Pilotfolge von *„Star Trek"* aus dem Jahr *1966*, hält die Zügel fest in der Hand und beweist ein gutes Gespür für Optik, Timing und einen dynamischen Verlauf. Die Szenen in den Vergnügungsparks sind bunt, dicht und deswegen so spannend, da man nie weiß, wo die Bedrohung steckt. Gerade im Finale sitzt man starr vor dem Bildschirm, da man dem Film alles zutraut und der Ausgang nicht ganz so offensichtlich erscheint. James Goldstone ist natürlich kein Spielberg, jedoch ein mehr als solider Handwerker, der dem Thriller die nötige Würze verleiht. Gleichzeitig bekommen wir mit George Segal einen charismatischen Helden präsentiert, der angenehm frei von gängigen Klischees ist. Er ist lediglich ein etwas müder Inspektor, der Fahrgeschäfte untersucht und absegnet. Ein bisschen Knatsch mit der Ex-Frau, etwas Ratlosigkeit im Umgang mit seiner Tochter, gespielt von Helen Hunt in ihrer ersten großen Kinorolle, und gescholten vom FBI, die ihm nicht viel Vertrauen

schenken. Ein normaler Mensch, wie aus dem Leben gegriffen. Timothy Bottoms beweist als Erpresser ebenso eine gute Figur. Mit starrer Mimik nimmt man ihm jeder Zeit die Skrupellosigkeit ab, mit der er Menschen in den Tod schickt. Ein gutes Gespann, welches durch gute Nebenrollen unterstützt wird. Richard Widmark als rauer FBI-Agent besitzt ebenso Charme. Ganz nett ist auch der Auftritt von Henry Fonda, der allerdings nicht ins Gewicht fällt, da er nur eine kleine Rolle hat. Ebenso elektrisierend ist der Soundtrack von Lalo Shifrin, der zusätzlich zur Spannung beiträgt und in bester Tradition zum Score aus *„Bullitt" (1968)* steht.

„**Koch-Media**" präsentiert uns nun den Film auf einer neu remasterten Blu-Ray, welche erstmals die komplett ungekürzte Fassung enthält, weltweit. Pünktlich zum 40-jährigen Jubiläum ist dieser Klassiker in bester Bild- und Tonqualität zu sehen, wofür man dem Label wieder einmal Respekt zollen muss. Der Film wurde von 35mm neu abgetastet und hat schönes Bonusmaterial im Gepäck. Zudem muss man keine Unsummen für ein Mediabook ausgeben, denn „**Achterbahn**" bekommt man ganz locker im Keep-Case.

James Goldstones „**Achterbahn**" **(1977)** ist kein Katastrophenreißer, sondern ein packender Thriller voller Suspense. Gut inszeniert und mit einer Nervenkitzel-Atmosphäre ausgestattet, erlebt man ein wunderbares Katz- und Maus Spiel, welches wieder zeigt, dass man manchmal kein Getöse braucht, um den Zuschauer bei der Stange zu halten.

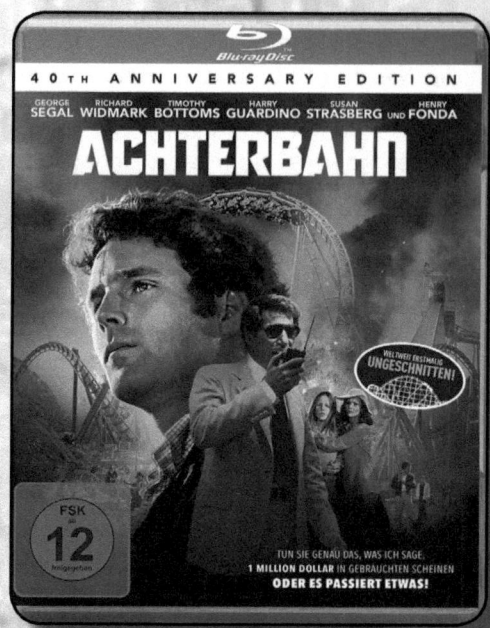

SO, UND WER FÄHRT JETZT MIT MIR IN DEN NÄCHSTEN VERGNÜGUNGSPARK?!

Vergessen war gestern, wir sprechen darüber!

Schlangen.

Wenn man sich auf den Film und die Story einlässt, bekommt man einen durchaus unterhaltsamen und spannenden Beitrag aus dem Horror Genre serviert. Die Darsteller wirken allesamt recht glaubwürdig und in keinster Weise als Amateurhaft. Im mittleren Teil des Films muss sich der Zuschauer durch eine kleine Durststrecke kämpfen. Doch wer brav vor der Mattscheibe verbringt wird mit einem guten und heftigen Finale belohnt. Das Monster oder besser gesagt Flaschengeist, auch von manchen als Djinn bezeichnet, zeigt sich im Finale in seiner ganzen Pracht. Es ähnelt etwas dem Pumpkinhead Monster, weiß aber zu gefallen.

Mythologien, Fantasy Märchen und Horror all das vereint der Film **KLAUEN DES TODES** von *1987* zusammen. Ein intelligenter Streifen der Dank des Regisseurs Tom Daley eine kleine Perle des Genres darstellt. Es war Tom Daley sein erster und zugleich auch letzter filmischer Beitrag auf dem Regiestuhl.

KLAUEN DES TODES vereint zwar viele Genres aber auch einige Klischees die in den 80er im Horror – Genre Gang und Gebe waren. Doch auf eine wichtige Angelegenheit verzichtet der Film gänzlich. Anstatt wie üblich das sich die Teenys miteinander vergnügen, wurde hier vollkommen darauf verzichtet. So etwas ist eine Seltenheit. Doch Regisseur Daley beweist das ein Horror-Film auch ohne Sex funktionieren kann.

Sehr abwechslungsreich wurden die einzelnen Morde im Film umgesetzt. Zwar mit teils einfach und simplen Effekten, die wohl auch auf dem geringen Budget zurück zu führen sind, jedoch mit guter Wirkung. Sei es mithilfe einer Lanze, einem Ventilator oder auch mit giftigen

Bislang ist diese kleine Perle in Deutschland nur gekürzt auf VHS vom Label **MEDUSA HOME VIDEO** erschienen. Wer in den ungeschnittenen Genuss kommen möchte, und dem Originalton nicht abgeneigt ist, dem empfehle ich die DVD vom Label **SHOUT! Factory**. Dort ist er in einer Gesamtbox mit drei anderen Vertretern aus dem Horror Bereich veröffentlicht worden.

Wer sich für **WISHMASTER** Filme die in den 90er entstanden sind schon begeistern konnte, wird mit **KLAUEN DES TODES** seinen Spaß haben.

Vergessen war gestern, wir sprechen darüber!

Tief im Herzen von Texas. Eine attraktive, junge Ehefrau flieht in die Arme eines Angestellten ihres unwissenden Ehemannes. Erst einem schwerfälligen Privatdetektiv gelingt es, ihn von der Untreue seiner Frau zu überzeugen. Fortan lässt der Ehemann nichts unversucht, mit blinder Besessenheit den Mord an dem Paar zu arrangieren. Doch die vermeintlich simple Bluttat ist leichter gedacht als getan! Was als perfekter Mord geplant war, geht entsetzlich schief: Der Anstifter wird selbst zum Opfer – und die Liebenden zu ahnungslosen Zielscheiben eines berechnenden Killers. Ein Alptraum aus Betrug, Missverständnissen und tödlichen Geheimnissen nimmt seinen Lauf...

"SCHIEFLAUFEN KANN IMMER WAS – ABER HIER BEI UNS IN TEXAS, IST JEDER AUF SICH SELBST GESTELLT."

BLOOD SIMPLE (1984) ist ein Thriller aus den Federn der Coen-Brüder.

Der Barbesitzer Julian Marty (Dan Hedaya) ahnt, dass ihn seine Ehefrau Abby (Frances McDormand) betrügen würden - er wusste nur nicht, mit wem. Also heuert er den schmierigen Detektiv Loren Visser (M. Emmet Walsh) an, um sie zu beschatten. Als Visser herausfindet, dass Abby mit Ray (John Getz), einem Angestellten von Julian, eine Affäre hat, berichtet dieser seinem Auftraggeber davon. Nach einiger Bedenkzeit beschloss Marty, die beiden von Visser umbringen zu lassen. Visser, der es aber nur auf das Geld abgesehen hatte, trieb ein doppeltes Spiel, täuschte den Mord an den beiden vor,

kassierte das Geld und erschießt Marty. Anschließend verlässt er den Tatort und hinterlässt Spuren, die eindeutig zu Ray und Abby führen. Als Ray zurückkommt, um mit Marty zu reden, fand er diesen, leblos, an seinem Schreibtisch sitzend. Nachdem er die Waffe von Abby am Tatort erkannt hatte (welche Visser ihr vorher gestohlen hatte um den Mord zu begehen), ging er davon aus, dass sie ihren Ehemann erschossen hatte. Aus Liebe zu ihr, will er den Toten verschwinden lassen. Nur dass dieser gar nicht tot ist... Eine kuriose, rabenschwarze Achterbahnfahrt entwickelt sich und schraubt sich in einem furiosen Finale zu einem gänsehautgarantiertem Höhepunkt empor.

BLOOD SIMPLE ist nicht nur ein Hieb in die Magengegend, ein Tritt in den Unterleib und ein Schlag auf die Zwölf... er ist ebenso eine Hommage an den Film noir der 40er. Einer der Klassiker der 80er und das Erstlingswerk zweier Brüder, die man eigentlich nicht vorstellen muss. Die Rede ist natürlich von den **COEN Brüdern**. Ethan und Joel Coen, die sich bereits mehrfach als Regisseure, Produzenten und Drehbuchautoren einen Namen gemacht haben, gelang mit **BLOOD SIMPLE** ein

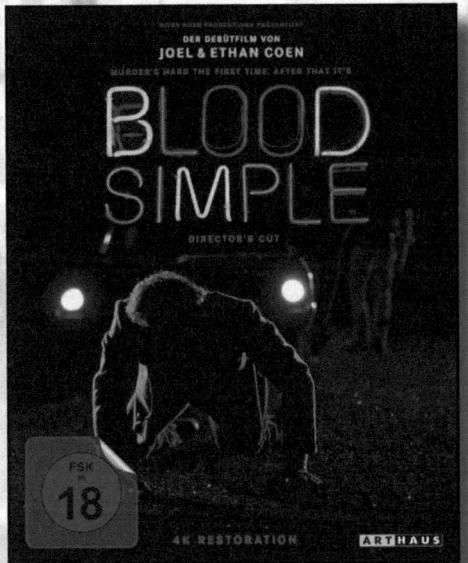

Meilenstein, der die Filmindustrie heute noch prägt und inspiriert. Die beiden Brüder haben sich schon als Kinder für den Film interessiert. So sparte sich z. B. der ältere Bruder Joel Geld zusammen, indem er in der Nachbarschaft den Rasenmäher durch die Vorgärten schob, um mit dem gesparten Geld eine Super-8-Kamera kaufen zu können. Damit drehte er mit Ethan und dem Nachbarsjungen Mark Zimering Filme aus dem Fernsehen nach.

2000 kam **BLOOD SIMPLE** als

DIRECTOR'S CUT nochmals in die Kinos. Heutzutage ist es ja üblich, einen Film als Director's Cut, Extended Cut, Unrated Version, Ultimate-Schießmichtot-Cut bis auf's Erbrechen neu zu veröffentlichen, um so dem gewillten Filmfan die letzte Unterbuxe zu nehmen (Shut the F**K up an take my money!). Im Gegenteil zu heutigen, meist künstlich/verzwungen wirkenden Verlängerungen einer Ursprungsfassung, hielt man es beim DC von **BLOOD SIMPLE** eher für nötig, etwas mehr herauszunehmen, als hinzuzufügen. So ist der DC um ca. 2,5 Minuten kürzer als die Kinofassung. Es wurden einige Sequenzen herausgenommen, die entweder nicht mehr zeitgemäß sind oder einem Fehler im Master geschuldet waren. Es wurde aber nicht nur gekürzt, sondern natürlich auch einige Einstellungen hinzugefügt. Besonders hervorzuheben ist hierbei die Erweiterung der Grab-Szene, in der mehr Erde auf dieses geworfen und im Anschluss mehrmals mit der Schaufel draufgeschlagen wurde. Ebenso wurde ein neues Tonergebnis erzielt. Weg von Mono, hin zu Dolby Digital 2.5. Musikalisch hat es das eine oder andere Musikstück mehr in den DC geschafft. Rundum ein Director's Cut auf allerhöchstem Niveau, der den Film stilsicher und richtungsweisend verbessert hat.

#RETROFILMFAKTEN:

- Darstellerin Frances McDormand ist seit 1984 mit Joel Coen verheiratet.
- Joel Coen war 1982 Schnittassistent bei Sam Raimi's **TANZ DER TEUFEL**.

Vergessen war gestern, wir sprechen darüber!

„THIS GUN IS MY JUDGE, MY JURY...AND MY EXECUTIONER!" DER SELBSTJUSTIZFILM DER 70ER UND 80ER JAHRE

„Wenn ich was zu sagen hätte, würde ich hart durchgreifen!"
Solche Aussagen sind heute an der Tagesordnung. Egal ob beim Familienessen, beim Plausch unter Freunden oder beim Stammtisch in der Kneipe. Der Wunsch nach Gerechtigkeit, wenn auch nach eigener Definition, ist ein so etwas wie ein Urinstinkt, welcher seit jeher in uns Menschen existiert. Wenn mal wieder ein Nachrichtenbeitrag über den heimischen Fernseher flimmert, der Probleme mit Flüchtlingen in Deutschland behandelt, dann hat mindestens jeder Zweite gewisse Gedanken und Standpunkte, wie

man für mehr Ordnung sorgen könnte. Das soll nicht heißen, dass jeder Zweite zum schießwütigen Vigilanten mutieren würde, jedoch sind solche Gefühle da. Wenn mal wieder ein älterer Herr in der U-Bahn verprügelt wurde, lassen Sprüche wie „Die würde ich auch mal in die Mangel nehmen" nicht lange auf sich warten. Das ist eine Form von Selbstjustiz, auch wenn sie dann meistens nur im Kopf stattfindet. Aber was hat das mit Film zu tun? Eine ganze Menge!

Film ist in erster Linie ein Medium, welches dabei hilft dem Alltag zu entfliehen, die Probleme einmal hinter sich zu lassen, den Stress zu vergessen und sich für eine beliebige Lauflänge in eine andere Welt zu begeben. Filme dienen auch dazu, sich mit gewissen Themen auseinanderzusetzen oder auch als Befriedigung für die eigenen Sehnsüchte. Der Selbstjustizfilm, welchen man durchaus als eigenes Genre klassifizieren kann, ist dabei Letzterem zuzuordnen. Selbstjustizfilme sind ein Spiegelbild der eigenen Sehnsüchte, Sehnsüchte nach Ordnung und Gerechtigkeit. Schon in den 30er Jahren wurden diese Gefühle bedient. Etwa in **„I Am the Law" (1938)**, in der Edward G. Robinson gegen Korruption kämpft, lässt sich ein klassisches Muster erkennen. Der „kleine Mann", der das Gesetz in die eigene Hand nimmt und sich dem Unrecht in den Weg stellt, wenn auf staatliche Institutionen, wie Polizei oder Justiz kein Verlass ist. Dieses Motiv zieht sich durch die Filmgeschichte und fand ihren Höhepunkt in den 70er und 80er Jahren. In diesen zwei Dekaden wurde das Geschehen entscheidend durch die politische Führung geprägt. Sei es die Paranoia-Propaganda

The most unusual boxoffice success of all time.

BILLY JACK

Starring
TOM LAUGHLIN
DELORES TAYLOR
Co-starring CLARK HOWAT
Screenplay by FRANK and TERESA CHRISTINA
Produced by MARY ROSE SOLTI
Directed by T. C. FRANK

A National Student Film Corporation Production · TECHNICOLOR®
Celebrating Warner Bros. 50th Anniversary · A Warner Communications Company
PG

und der Untergang Richard Nixons, was die Menschen am System zweifeln ließ, sowie die Amtszeit Ronald Reagans, dessen Patriotismus den Bürger beflügelte. Die Geburt des modernen Selbstjustizfilms, wie wir ihn kennen, fand in den 70ern statt.

Der erste wichtige Film war sicherlich *„Joe" (1970)*, produziert von *„Cannon-Films"*, als diese noch nicht von Menahem Golan und Yoram Globus geleitet wurde. In dem, von *„Rocky"*-Regisseur John G. Advilsen inszenierten, Film geht es um einen Fabrikarbeiter, der seinen Hass auf Hippies freien Lauf lässt. *„Joe"* etablierte die Arbeiterfigur, die einen Hass auf das System hat und sich vernachlässigt fühlt. Ein Rollentypus, der auch heute noch im Kino zu finden ist. Das auschlaggebende Werk war aber sicherlich *„Dirty Harry" (1971)*. Der Klassiker mit Clint Eastwood in seiner Kultrolle wurde zum Hit und manifestierte Eastwoods Status als Filmikone. Don Siegels Cop-Thriller bediente sich bei den legendären „Zodiac"-Verbrechen und übertrug diese in die Figur des *„Scorpio"*. Eatwood spielte als Harry Callahan einen Polizisten der, angewidert von der Politik und dem staatlichen System, seine eigenen Wege geht und auf eigene Faust schließlich für Recht und Ordnung sorgt und den Verbrecher zur Strecke bringt. Dabei verkörperte der Hollywoodstar ein gewisses Bürgerideal, welches sich von den

Obrigkeiten verraten fühlt.

Der Film kritisierte vor allem das Rechtssystem, welches dem Verbrechen Schlupflöcher bietet. So wird der Killer im Film zuerst Laufen gelassen, bevor *„Dirty Harry"* schließlich das Gesetz in die eigene Hand nimmt. Der Typus des über die Strenge schlagenden Ordnungshüters wurde zu einem viel verwendeten Motiv im US-amerikanischen Action- und Thrillerkino. In der Fortsetzung *„Magnum Force" (1973)* ging man noch einen Schritt weiter, denn dort nimmt es Callahan mit einer Gruppe Polizisten auf, die Selbstjustiz verüben und dort weiter machen, wo der Staat versagt. Diese beiden Filme gingen noch sehr kritisch mit dem Thema um. Im ersten Film wird Eastwoods Figur noch oft für seine Alleingänge gerügt. Er agiert im Rahmen seiner Möglichkeiten und lotet die Grenzen aus, stellt sich aber nicht bewusst über das Gesetz, welches er als Polizist vertreten muss. Er verteidigt es sogar und ist sich über Recht und Unrecht bewusst. Die tatsächliche Initialzündung lieferte allerdings Michael Winner im Jahr *1974*. Der Film *„Death Wish"*, in Deutschland als „Ein Mann sieht rot" bekannt, zeigte den Architekten Paul Kersey, gespielt von Charles Bronson. Als dessen Familie von Punks angegriffen wird, seine Frau stirbt und seine Tochter leidet nach einer Vergewaltigung unter einem Traumata, und die Polizei keine Fortschritte verzeichnet, nimmt der bürgerliche Kersey das Gesetz in die Hand und geht Nachts als Rächer auf die Jagd, um die Stadt vom Abschaum zu befreien. Die filmische Adaption des gleichnamigen Romans von

Brian Garfield zeichnete sich, neben ihrer Härte, vor allem durch den kritischen Umgang mit Selbstjustiz aus. Winners Film hinterfragt die Taten und kritisiert auch die Hauptfigur als Gesetzesbrecher und stellt die Frage wie weit man gehen kann. *„Death Wish"* wurde ein großer Erfolg und machte Bronson nicht nur zum Aushängeschild des Rächer-Typus, sondern lieferte auch die Blaupause für ähnliche Filme, die seitdem produziert wurden.

Während sich noch Filme wie *„Taxi Driver" (1976)* von Martin Scorsese differenziert mit dem Vigilanten an sich auseinandersetzte, wurden Selbstjustiz- und Rachefilme immer reißerischer. Gerade im Bereich des Exploitationfilms wurden diese Strukturen zu einem beliebten Konzept. Sie erlaubten und rechtfertigten mehr Action und noch mehr Härte. Der kritische Aspekt verflog und machte Platz für einfach gestrickte Filme, die die niederen Ansprüche des Publikums befriedigten. *„The Exterminator" (1980)* zum Beispiel, zeigt einen ehemaligen Vietnam-Veteranen, der gegen das Verbrechen kämpft und dabei vor nichts zurück schreckt. Dabei widmet er sich nicht nur der Gang die seinen Kumpel zum Krüppel gemacht haben, sondern vielen anderen Straftätern, die ihr Unwesen treiben. Genre-Kino für den Gerechtigkeitsfanatiker. Hier wird mit Brutalität dem Bösen der Gar ausgemacht. Ein Stück weiter trieb es Regisseur William Lustig. Der Schöpfer von *„Maniac" (1980)*, lieferte *1983* mit *„Vigilante"*, in Deutschland als *„Streetfighters"* bekannt, einen Film, in dem sich eine Gruppe von Bürgern zusammenschließt, um gegen Verbrecher vorzugehen. Durch drastische Ereignisse (einem kleinen Kind wird der Kopf weggeschossen), rechtfertigt der Film seine Herangehensweise und seine Brutalität und legitimiert die Taten der „Bürgerwehr". Diese beiden

genannten Film waren wesentlich nihilistischer als die Vorgänger aus den 70ern und prägten den Gedanken, man müsse Gewalt mit Gewalt bekämpfen . Das zeigt sich darin, dass in diesen Filmen Justiz als Institution fast gar keine Rolle mehr spielt. Sie agiert nicht wirklich oder ist korrupt. Auch Bronson durfte in den 80ern noch einmal ran. Die B-Movie Schmiede *„Cannon-Films"* produzierte drei Fortsetzungen zu „Death Wish". Diese waren weitaus rauer als der erste Film. Staatliche Institutionen wurden immer unwichtiger und Bronsons Figur immer größer. Statt einem kritisierbaren Vigilanten, bekamen wir einen Actionhelden, der seinen Gegnern auch gerne mal mit der Bazooka das Gesicht wegschießt. Kritische Auseinandersetzungen mit Recht und Unrecht fanden immer weniger statt, als es noch im „New Hollywood" der 70er der Fall war.

Die Filme wurden zum Spektakel und zeichneten sich durch Schwarz-Weiß Malerei aus. Grautöne wurden zur Seltenheit. So war das Thema des vigilanten Bürgers nur noch in B-Movies zu finden. Natürlich haben die klassischen Werke der 70er einen höheren Reiz, da sie durchdachter sind und mehr Reflektion bieten, während die späteren Vertreter reines Unterhaltungskino waren. Die meisten Filme werden seit jeher kritisiert. Etwa für ihre Verherrlichung der klassischen Selbstjustiz als auch für ihre Legitimierung von Gewalt oder ihre reaktionäre Gesinnung. Heute ist die Rezeption weitaus differenzierter. **„Death Wish"** ist ein anerkannter Klassiker. Die Sequels gelten auch heute noch als reine Exploitationfilme. Man liest einfach mehr zwischen den Zeilen. Diese Filme vertreten einfach einen Zeitgeist, der damals allgegenwertig war und auf die Politik zurückzuführen ist. Filme sind immer ein Produkt ihrer Zeit und ein oft ein Spiegelbild der Gesellschaft. Das wird sich nie ändern.

Hier findet ihr eine Auswahl von Filmen, die sich mit dem Thema auseinandersetzen:

„JOE" (1970)
„DIRTY HARRY" (1971)
„BILLY JACK" (1971)
„LAST HOUSE ON THE LEFT" (1972)
„MAGNUM FORCE" (1973)
„WALKING TALL" (1973)
„DEATH WISH" (1974)
„TAXI DRIVER" (1976)
„I SPIT ON YOUR GRAVE" (1978)
„THE EXTERMINATOR" (1980)
„DEATH WISH 2" (1982)
„VIGILANTE" (1983)

BATMAN FOREVER (1995)

Da BATMAN RETURNS eben nicht den erwarteten Erfolg lieferte, warf man das Team einmal um. Burton und Keaton waren nicht mehr und so ging der Regiestuhl an FALLING DOWN- und THE LOST BOYS-Regisseur Joel Schumacher, während Val *„Iceman"* Kilmer ins Fledermauskostüm schlüpfte. Alles mit der Forderung, dem Film doch wieder Farbe zu geben.

Und Farbe gab es genug: Die neuen Bösewichte Two-Face und Riddler kommen so schrill und bunt daher, dass man als Zuschauer mehr als nur einmal die Augenbraue anhebt.

Doch eins nach dem anderen. Die beiden Schumacher-BATMANS sind, gelinde gesagt, nicht sonderlich beliebt und wirklich gute Filme sind es auch nicht...aber ich muss gestehen, dass ich **BATMAN FOREVER** noch einiges abgewinnen kann. Ich finde Kilmer macht als Bruce Wayne und Batman eine sehr gute Figur, der Look des Films hat schon irgendwie etwas und Tommy Lee Jones und Jim Carrey sind an sich auch keine schlechten Wahlen für ihre Rollen. Wo liegt also das Problem?

Es ist der Tenor des Films: Für jede gute Szene und jede gute Idee erwartet uns leider immer ein umso überdrehtklamaukiger, lauter Blödsinn. Statt einen psychisch gefallenen Anwalt zu spielen, wurde von Jones verlangt, eine billige Kopie des Nicholson-Jokers abzuliefern und Carrey hat scheinbar gar keine Regie-Anweisungen bekommen, sondern wurde direkt vor jedem Take mit 6 Litern Red Bull abgefüllt und an eine Starkstromleitung angeschlossen. Wie gesagt, es gibt einige Szenen, die mir wirklich gut gefallen, aber sobald der Riddler seinen seltsamen Apparat an seinem Vorgesetzten testet, will ich nur noch weinen.

Dass man **Billy Dee Williams** die Rolle des Two-Face nicht anbot, wo er doch den Harvey Dent in BATMAN mimte setzt dem Ganzen nur die Krone auf. Vielleicht war es aber im Nachhinein doch ganz gut, dass er verschont blieb.

Über Bat-Nippel reden wir gar nicht erst. Es verwundert mich jedenfalls nicht, dass Kilmer irgendwann die Leitungen durchgeschmort sind und sich mit der ganzen Crew angelegt hat.

Aber nun zur Musik.

Mit Tim Burton verließ auch Danny Elfman die Bühne. Schaut man sich etwas die Filmographie Schumachers an, kommen mir die Tränen. Stellt euch doch nur vor, was hätte sein können! Zu vieren Schumacher-Filmen komponierte nämlich mein heutiger Lieblingskomponist James Newton Howard die Musik (*FLATLINERS, DYING YOUNG, 2000 MALIBU ROAD* und natürlich *FALLING DOWN*) Danach kam *THE CLIENT*, in dem Howard vom späteren Mittelerde-Komponisten Howard Shore ersetzt wurde.
Ersterer schlug damals nämlich *THE CLIENT* aus, um für *WYATT EARP* (Lawrence Kasdan) arbeiten zu können, da er immer schon einen Western komponieren wollte. So endete die Zusammenarbeit von Howard und Schumacher und für BATMAN FOREVER war dann wieder ein anderer Komponist tätig.

Trotz dieses kleinen Stiches in mein Fan-Herz muss ich aber zugebenm dass sich *BATMAN FOREVER* in guten Händen wieder fand: *Elliot Goldenthal* hatte, ähnlich wie Elfman im Jahr 1989, zwar keine allzu umfangreiche Vita vorzuweisen, konnte aber mit *ALIEN 3* und *INTERVIEW WITH THE VAMPIRE* schon gut zeigen, was in ihm steckt.

Goldenthal ist mittlerweile bekannt für seine Experimentierfreude und avantgardistischen Stil und auch **BATMAN FOREVER** ist keine allzu leicht verdauliche Kost.

Die **„Main Titles"** sind schon geprägt von kreischenden Blech-Dissonanzen, metallischer Percussion und einem schrillen Jazz-Touch, der wohl den sooft parodierten **„Zirkus-Sound"** Elfmans ersetzen soll. Sicher kann man dies auch als Hommage an die West-Serie interpretieren, in der die **„Booms"** und **„Pows"** ja auch von ähnlichen Klängen untermalt wurden. **„Gotham City Boogie"** klingt beinahe wie eine moderne, düstere Aufarbeitung der Musik Neil Heftis.

Ich persönlich bevorzuge das Jazz-ige auch ganz klar gegenüber Elfmans Zirkus-Anleihen, aber das ist simple Geschmackssache. Viel riskanter ist wahrscheinlich die Äußerung, dass Goldenthals Batman-Thema tatsächlich mein Liebling unter allen ist, die uns die Filmmusikwelt bisher beschwert hat.

Es ist ein grandioser Marsch, der mir sofort im Ohr bleibt und brachial wie Batman selbst aus meinen Boxen schallt. Er klingt dem Elfman-Thema auch gar nicht so unähnlich und unterstützt damit sehr gut die prinzipielle Herangehensweise des Films: „Wir sind schon Teil der Reihe, aber eine richtige Fortsetzung sind wir auch nicht."

Der Marsch bekommt in den Liebesszenen zwischen Kilmer und der verboten heißen Nicole Kidman auch einige sehr subtile, ruhige Variationen die sehr der Musik aus den **„Film Noir"**-Streifen der 40er entlehnt ist. Ein Stil der so gut in das Franchise passt, dass es etwas verwunderlich ist, dass Elfman ihn nicht schon einarbeitete. In den Tracks „Chase Noir" und „Mouth To Mouth Nocturne" hört man was ich meine.

Leider bleibt es aber nicht bei diesen Highlights. Wie auch der Film selbst alles

Positive mit seinen ADHS-Bösewichten niedermachen muss, kann Goldenthal diese Figuren natürlich auch nicht ignorieren.

Dieser unglückliche Umstand führt uns zu Dingen wie den „Nygma Variations (An Ode To Science)" und man stellt sich die Frage, zu was für Substanzen so ein Hollywood-Komponist eigentlich Zugang hat.

Die rein kompositorische Qualität des Riddler-Themas steht außer Frage. Wie Goldenthal hier Orchester, Synthesizer, Hammond-Orgel und ein Theremin (Warum auch nicht?!) kombiniert ist wirklich beeindruckend. Es passt auch hervorragend zur Figur, schließlich ist es nicht Elliots Schuld, dass Edward Nygma zu so einer Nervensäge verdreht wurde. Durch die rein rational-neutrale Filmmusikkritiker-Lupe betrachtet, haben wir hier es mit einem technischen, wie auch konzeptionellen Geniestreich zu tun.

Aber all diese musikalische Raffinesse ändert nichts daran, dass diese 6 Minuten nach einem schwerwiegenden Verstoß gegen das Betäubungsmittelgesetz klingen.

Glücklicherweise sind diese Extremfälle nicht allzu häufig auf dem Album vertreten.

Auch wenn **BATMAN FOREVER** (zusammen mit BATMAN RETURNS) mein Lieblings-Score der Reihe ist, kann ich ihn also trotzdem nur bedingt weiter empfehlen, da die Riddler-Tracks und die Free-Jazz-Ausbrüche für viele Hörer doch zu viel sein könnten. Verübeln könnte ich's niemandem. Da muss jeder für sich entscheiden, ob er diese Passagen für glorreiche Variationen des „Batman"-Marsches in „Fledermausmarschmusik" oder „Batterdämmerung" in Kauf nimmt (übrigens zwei der besten Titelnamen, aller Zeiten).

Mir persönlich reichen allein die virtuosen Kompositionen für die Blech-Bläser um über die hyperaktiven Riddler-Tracks hinwegzusehen und so seltsam Stücke wie „Mr. E's Dance Card" auch sind...Spaß machen sie trotzdem!

BATMAN+ROBIN (1997)

Eine CD-Veröffentlichung diesen Scores gibt es ja leider nicht, deswegen habe ich mich tatsächlich durch die Blu-Ray gequält um auf die Musik zu achten. Ich bitte um Anerkennung!

Wie beim Vorgänger schwang Elliot Goldenthal den Taktstock und die Musik ist eindeutig als Fortsetzung zu erkennen: Der triumphale Batman-Marsch kehrt zurück und wird diesmal einige Male von einem Chor unterstützt, die schrillen Jazz-Elemente sind noch vorhanden und es werden auch ein paar Tracks 1:1 aus „**Forever**" übernommen.

Dank der Abwesenheit des Riddlers handelt es sich bei **BATMAN&ROBIN** um einen viel zugänglicheren Soundtrack. Zwar sind die Bösewichte im Film noch viel überzeichneter und überdrehter, doch boten sie weniger Fläche für klangliche Experimente.

Arnies herrlich komischer Mr. Freeze ist sogar für einige überraschende Highlights

zuständig. Ihm schrieb Goldenthal ein schönes Thema und so richtig präsentieren darf sich der Komponist dann in den Szenen über Freezes tragische Etstehungsgeschichte. Ein wundervolles Chormotiv mit kleinen Glockenspieleinlagen, das ironischerweise Elfman-Werken wie **EDWARD SCISSORHANDS** gar nicht mal so unähnlich ist schafft es durchaus, Emotionen zu wecken.

Poison Ivy hingegen, wundervoll überspitzt von Uma Thurman gespielt, wird durch eine breite Palette an musikalischen Ideen dargestellt. In ruhigen Momenten erinnert man sich an die saxophon-trächtigen Blues-Passagen aus FOREVER und wenn sie mal kämpfen darf gibt es eine Kombination aus „Jungle Drums" mit orientalischen Melodien um natürlich ihre Verführungskünste wie auch die ganze Pflanzen-Thematik zu untermalen. Hier und da schleicht sich dann auch ein barockes Violinen-Solo ein. So viel Kreativität hat dieser Film nicht verdient.

Im Anwesen Bruce Waynes kommt dann viel charakter-orientierte Musik zur Geltung. Eine einsame Solo-Trompete (an der sich Hans Zimmer&Co. eventuell für **BATMAN V SUPERMAN: DAWN OF JUSTICE** orientiert haben) kümmert sich um Alfreds gesundheitliches Dilemma und mit der Ankunft von Alicia Silverstone aka Batgirl wird auch ein Streicher-Thema eingeführt, das für den familiären Zusammenhalt der Heldentruppe steht, der im Film ja auch wiederholt betont wird.

Meiner Meinung nach ist es sehr schade, dass **BATMAN&ROBIN** nie den Weg auf die CD gefunden hat, da er quasi eine schönere Version des **BATMAN FOREVER**-Soundtracks ist. Die Highlights des werden übernommen und weiterentwickelt und die anstrengenden Bösewichts-Themen werden durch angenehmere Kompositionen ersetzt.

FAZIT:

Ähnlich wie die Filme uns immer wieder neue Umsetzungen desselben Helden bieten, so wird auch die Musik immer anders von ihm inspiriert und neben den besprochen Soundtracks gibt es ja noch die Werke von Hans Zimmer (der ja sogar zwei verschiedene BATMAN-Darbietungen vertonte), James Newton Howard (kam er also doch noch zum Zug) und Shirley Walker und den anderen Musikern, die an den Trickfilmen arbeiteten (u.a. Christopher Drake).

Für uns **Retroisten** sind aber wahrscheinlich die vier von Elfman und Goldenthal am interessantesten. Wie bereits erwähnt, stammt mein absoluter Favorit unter den Batman-Themen aus **BATMAN FOREVER** und es ist unglaublich schade, dass es ein wenig in Vergessenheit geriet, nur, weil die dazugehörigen Filme so mies waren. Goldenthals Batman-Musik verdient definitiv mehr Beachtung.

Die hyperaktiven Stücke aus **BATMAN FOREVER** hindern mich aber daran, den gesamten Score als meine Nummer 1 zu wählen, weswegen ich den Platz wohl an **BATMAN RETURNS** von Elfman gebe. Zwar gefällt mir Goldenthals Titel-Thema besser, aber **BATMAN RETURNS** ist konsequenter in seiner Qualität und wartet mit zwei absolut unvergesslichen Bösewichts-Themen auf.

Das Label **LA-LA Land Records** hat übrigens einige **Special Editions** herausgegeben. Die beiden Elfman-Soundtracks gibt es in einer schicken **4-CD-Box** (2 CDs pro Film) und **BATMAN FOREVER** wurde auch als Doppel-CD veröffentlicht. Jeder der drei Scores ist also in seiner kompletten Fassung zu kriegen (oder auch nicht...FOREVER ist ausverkauft) und enthält auch Alternativ-Takes etc. als Bonus-Tracks. Lediglich **BATMAN&ROBIN** bleibt weiterhin offiziell unauffindbar. Zwar gibt es Bootlegs (auch als Doppel-Album) aber mehr sei dazu nicht gesagt. Hoffen wir, dass LA LA Land sich diesem Soundtrack auch mal annimmt.

P.S.: Als Geheimtip für Retro-Fans sei euch noch die Musik zum neuen **JUSTICE LEAGUE** ans Herz gelegt, der ja wieder aus Danny Elfmans Feder stammt. Dieser verwarf Hans Zimmer neue Themen für Batman und Superman und nutzt stattdessen die altbekannten der 70er und 80er. Ja, ihr habt richtig gehört: Es gibt die Möglichkeit, Danny Elfmans BATMAN und John Williams' SUPERMAN in einem Score zu erleben! Es gibt sogar einen Track (die Standard-Version von „The Final Battle") der beide Melodien zitiert und somit einen Traum erfüllt, den wohl jeder Comicfan vor 30 Jahren in sich trug. Der Film mag zwar nicht retro (oder gut) sein...der Musik ist das aber egal!

Charlie Morrison (Forrest Tucker) und
sein Enkel Chris schuften in einer alten
Kobaltmine. Eines Tages kommt ein alter
Kumpel von Charlie und bittet ihn Plutonium in einen Truck von Nevada nach Ari-
zona zu transportieren. Er stimmt zu. Als
alter Veteran des Koreakrieges kann er so
einiges ab. Und schon beginnt die Fahrt
mit dem versteckten Plutonium. Aber es
wäre kein Actionfilm, würde nicht irgend-
etwas passieren. Und so wird der Truck

von einer Horde Terroristen verfolgt.

Der Film beginnt durchaus vielverspre-
chend. Man sieht ein Pärchen nachts in

einen Auto fahren. Da werden sie at-
tackiert und Diebe (die sich später als
Terroristen herausstellen) stehlen deren
Ladung, welche versteckt war. Zünftige
B-Filmaction schon am Anfang. Und das
zieht sich den ganzen Film hindurch. Nun
könnte man sich fragen, warum man
unbedingt einen Rentner zum Transport
sucht. Nun, wahrscheinlich weil so keiner
Verdacht schöpfen kann. Aber auch egal.
Denn Forest Tucker macht sich verdammt
gut als Actionpapa der den jungen Spun-
den mal zeigt was seine Maschine so
alles kann. Lange vor Liam Neeson, der
ja trotz seiner hohen Lenze den ein oder
anderen bösen Buben eins auf die Moppe
haut, legt hier Tucker ordentlich los. Naja
gut seine Stuntmänner, aber sei es drum.
Es beginnt eine wilde Verfolgungsjagd
durch Amerika.

Besonders die Szenen in der Wüste bleiben einem im Gedächtnis. Dass man die
Wüste gewählt hat als Schauplatz ist ver-
ständlich. Hat man da doch keine Probleme mit irgendeiner Stadtbevölkerung und
kann einiges kaputt machen. Höhepunkte
hat dieser Film durchaus. Es seien zwei
besonders erwähnt.

Da wären die Verfolgungsszenen in der Wüste. Der Truck wird dort von zwei umgebauten VW-Käfern mit Raketenwerfern verfolgt. In allerbester MAD MAX – Manier wird dabei ordentlich geschossen, gedrängelt, gestoßen und es fliegen die Fetzen. Und da gibt es die berühmte Szene, bei dem der Truck einen riesigen Stunt macht: Er springt mit Anhänger über einen Zug. Das sieht schon sehr gut gemacht aus, wenn man bedenkt zu welcher Zeit der entstand.

Das alles wird in gepflegter Actionzeit der 80er präsentiert. Kurz und knackig

George spielt ist kein Unbekannter. Spielte er doch den Crixus in **SPARTA-CUS (1960)** oder den Cherry Valance in **PANIK AM ROTEN FLUß (1948)**. Als jungendliches Pendant zu Tucker gesellt sich John Sheperd in die Riege. Ihn kennt man vielleicht als Tommy in F**REITAG, DER 13. TEIL V – EIN NEUER ANFANG (1985)** Die Idee zu diesen Film stammt vom SFX-Experten Cliff Wenger, der seine Finger auch in **AUF DER SUCHE NACH DEM GOLDENEN KIND (1988)** oder **FIGHT CLUB (1999)** hatte und Carol Lynn, die außer diesen Film nur noch **CLICK: THE CALENDER GIRL KIL-**

ohne große Wartezeit hinein ins Vergnügen. Dabei machen alle ein gutes Gesicht. Forrest Tucker, der in solch Filmen mitwirkte wie **DIE TEUFELS-WOLKE VON MONTEVILLE (1955)** oder **YETI, DER SCHNEEMENSCH (1957)** macht seine Sache verdammt gut. Für Tucker war es der letzte Film. Er verstarb kurz nach Drehende. Auch John Ireland, der seinen alten Kumpel

LER (1990) schrieb.

Der Film stammt übrigens aus der berühmten **CANNON** – Manufaktur und bietet gute Actionware. Bis heute ist er in Deutschland nur als VHS erhältlich.

Vergessen war gestern, wir sprechen darüber!

DIE ERSTE FAHRT ZUM MOND (1964

Als der erste amerikanische Astronaut auf dem Mond landet und zu einer Exkursion startet, starrt er plötzlich wie gebannt auf eine britische Flagge und ein Manuskript aus dem Jahr 1899. Nach seiner Rückkehr beginnt eine fieberhafte Suche nach den Hintergründen dieser unglaublichen Weltraumexpedition am Ende des vorletzten Jahrhunderts.

DIE ERSTE FAHRT ZUM MOND basiert auf einen Roman von H. G. Wells und ist ein SciFi-Abenteuer aus dem Jahr **1964**. Er entstand unter der Regie von Nathan Juran. Er ist nicht die erste gemeinsame Arbeit von Juran und Ray Harryhausen. Schon für **SINDBADS 7. REISE** arbeiteten beide erfolgreich zusammen. Produziert wurde der Film von Ray Harryhausen's langjährigem Weggefährtem Charles H. Schneer und der Columbia. Die Columbia trennte sich allerdings nach diesem Film von Ray Harryhausen, da seine Filme nicht mehr genug Geld einspielten.

Die erste Hälfte des Films spielt sich noch auf der Erde ab. Der Zuschauer bekommt erstmal in aller Ruhe alle Charaktere die für den Film und die Story wichtig sind, ausgiebig vorgestellt. Sei es der Professor der auch mal sein Haus mit seinen Experimenten in die Luft jagt oder das jung, verliebte Pärchen das von einer Heirat und einer gemeinsamen Zukunft träumt. Aber auch Nebencharaktere wie die Helfer des Professors werden ausgiebig ins Bild gerückt. Mit einigen kleinen Slapstick – Einlagen wird die anfänglich lang-

weilig wirkende Geschichte gebürtig untermauert.

Die zweite Hälfte des Films spielt sich auf dem Mond ab. Die improvisierte Mondkapsel, die aus normalen Metall mit Jalousien versehen wurde gleicht schon einem Höllenkommando. Dazu die Innenausstattung mit Sitzen aus Seilen und lebendigen Futter bestehend aus Hühnern und dem dazu gehörigen Futter. Natürlich darf eine Elefantenbüchse nicht fehlen. Man weiß ja nicht was für Gestalten einem auf dem Mond so erwarten.

Schon recht früh bemerkt man das sich die Geschichte nicht allzu Ernst nimmt. Mit viel Humor und allerlei Ausstattungsdetails versehen wird die Raumfahrt, die in den 60er Jahren im Wettstreit zwischen den Nationen sich befand gehörig aufs Korn genommen.

Doch das tut dem Unterhaltungswert keinerlei Abbruch. Im Gegenteil
somit bekommt man ein durchaus
interessantes Abenteuer auf dem
Silbertablett serviert.

Natürlich sollte man als Filmfreund
etwas über die simplen Special
Effekte hinweg sehen. In keinster
Weise mit heute zu vergleichen,
doch in den 60er Jahren waren sie
das Non Plus Ultra und begeister-
ten tausende Zuschauer vor der
Leinwand. Da werden schon mal
Akteure an dünnen, fast durchsich-
tigen Seilen durchs Bild gezogen um
eine Schwerelosigkeit zu simulieren.
Noch dazu die niedlichen Kostüme
der Mondbewohner. Anhand der Grö-
ße der Bewohner kann es durchaus
sein, das sich in den Kostümen zur
damaligen Zeit Kinder befanden.
Oder auch Kleinwüchsige Menschen,
was ja im Filmgeschäft auch keine
Seltenheit war und ist.

Hinzu kommen aufwendig gebaute
Kulissen die eine sehr tolle Atmosphäre erzeugen und die Story zuneh-
mend unterstützen und stärken. Mit
vielen bunten Farben und Abwechs-
lungsreichen Drehorten kommt beim
Zuschauer keinerlei Langeweile auf.

Für Fans von Phantastischen Filmen
aus den 60er kann ich **DIE ERSTE**

FAHRT ZUM MOND nur empfehlen.
Die Blu-ray Veröffentlichung ist sehr
gut gelungen und kann mit einem sat-
ten Bild, Farben und einem glasklaren
Ton punkten. Auch das Cover-Motiv
ist sehr an dem damaligen VHS Cover
angelehnt. Nicht für Ray Harryhausen
Fans eine Sichtung und Erweiterung
der Sammlung wert.

EVIL TOONS

Wenn man sich den Titel mal genauer anschaut, könnte man denken, man hat hier einen typische Erotik – Komödie aus den 80er Jahren vor sich liegen: Evil Toons – Flotte Teens im Geisterhaus. Regisseur dieses Trash-Meisterwerkes war Fred Olen Ray. Diese Person dürfte vielen ein Begriff sein. Zu seinen weiteren Werken zählen Filme wie *„Alienator – Der Vollstrecker aus dem All"* (1989), *„Witch Academy"* (1991) und einige dutzend weitere Filme mit teils absurden und kuriosen Titeln. Er ist halt ein kleiner Meister des Trash Genre.

Um ihr Studium zu finanzieren, nehmen die vier hübschen Mädels Megan, Jan, Terry und Roxanne einen kleinen Job als Putzkolonne an. Sie sollen eine seit

Jahren leerstehende Villa auf Vordermann bringen und lassen sich nicht davon beirren, dass der Besitzer des Gebäudes schon seit geraumer Zeit auf mysteriöse Weise wie vom Erdboden verschwunden ist und jemand das „For Sale" Schild im Vorgarten mit dem Wort „Satan" beschmiert hat. Im Keller stolpern die Damen über eine verschlossene Truhe, welche mit der Warnung „Öffne diese Kiste in Gottes Namen niemals!" versehen ist – was natürlich prompt als Einladung verstanden wird, das Geheimnis des hölzernen Behälters zu lüften.

Im Inneren der Truhe finden sie ein uraltes Buch, in dem lateinische Zaubersprüche und Abbildungen bösartiger Kreaturen aufgezeichnet sind. Da Megan im Gegensatz zu ihren Kameradinnen mehr oder weniger etwas auf dem Kasten hat und der lateinischen Sprache einigermaßen mächtig ist, liest sie einige Zeilen aus dem Buch vor, was sich als schwerer Fehler erweist, denn durch diesen Zauberspruch befreit sich nachts eines der gezeichneten Monster aus dem Buch und schnappt sich zuerst Roxanne, die dem Cartoon-Ungeheuer beim Umziehen ihre einladende Kehrseite präsentiert! Der Dämon schlüpft in ihren Körper und beginnt die Jagd auf die anderen Damen.

Handlungstechnisch sollte man bei **Evil Toons** nicht viel erwarten, doch ein Trash-Fan wird hier voll auf seine Kosten kommen. Die Dialoge sind aus meiner Ansicht das Beste am ganzen Film. So sinnlos und dämlich, dass sie schon wieder genial sind. Es klingelt an der Tür und ein Mädchen sagt zum anderen: „Möchtest du nicht ans Telefon gehen?" Solche Anspielungen besonders auf blonde Mädchen ist nur eines von vielen Dingen, die in **Evil Toons** so vor sich gehen. Aber auch fürs Auge wird dem Zuschauer was geboten, alle Mädels laufen fast die gesamte Zeit in knappen Klamotten oder sogar in Unterwäsche rum - auch ist hier und da ist mal eine nackte Brust zu entdecken. Schließlich wurden für **Evil Toons** auch zwei Pornodarstellerinnen gewonnen, die hier mal so nebenbei zeigen, was sie so zu bieten haben!

Evil Toons ist der ideale Partyfilm. Hier fanden viele Anspielungen auf andere Vertreter ihren Platz im Drehbuch - sei es

„**Tanz der Teufel**", „**Falsches Spiel mit Roger Rabbit**" und viele viele mehr.

Auch fanden ein paar andere bekannte Darsteller hier ihren Platz und bekamen Cameo-Auftritte. Sei es Dick Miller, den man aus „**Gremlins**" kennt, der im Film fast nur vor der Glotze hängt und sich seine eigenen Filme anschaut, oder auch David Carradine, der Mann aus „**Kung Fu**", der sich anscheinend für nichts zu schade war.

Evil Toons hat für Trash-Fans einen hohen Unterhaltungswert und ist auf VHS und DVD erhältlich. Auf DVD vom Label „**cmv Laservision**" - beide Versionen sind ungekürzt. Personen, die mit Trash nichts anfangen können, werden hier so ihre Probleme bekommen, relativ schnell abschalten und denken „Was ist denn das für ein Scheiß?", aber der Trash-Fan sagt „Geil! Mehr davon!"

Vergessen war gestern, wir sprechen darüber!

Impressum:

Herausgeber:
Stefan Böse

Autoren:
Till Bamberg
Steffen Gebhart
Christopher Feldmann
Bernhard H. Heidkamp

Impressum:
© 2018
Herstellung und Verlag: BoD – Books on Demand, Norderstedt.
ISBN: 9783746094939

GAST-AUTOR: JAN
WWW.GLOTZGUTACHTER.DE

Bild-Quellen der Screenshots:

Die Unbesiegbaren Fünf © DVD: X-Rated
Double Force © VHS: Cannon
Terror Train © DVD: X-Rated
Stranger © Video: Highlight
Robotrix © Video: UFA
Retaliator © Video: VPS
A Better Tommorow © DVD: Anchor Bay
Zeit der Geier © Video: VCL
Achterbahn © CIC VIDEO, Blu-ray: Koch Media
Klauen des Todes © Video: Medusa Home Video
Blood Simple © Blu-ray: Studiocanal
Thunder Run © Video: Embassy Video
Die erste Fahrt zum Mond © RCA Columbia, Blu-ray: Explosive Media
Evil Toons © Video: New Vision, DVD: cmv laservision

Informationsquellen:
www.retro-film.info
www.wikipedia.de
www.schnittberichte.com
www.ofdb.de
www.imdb.com
www.amazon.de
www.themoviedb.org

BESUCHT UNS DOCH AUF FACEBOOK UNTER:
WWW.FACEBOOK.COM/RETROFILMBLOG

Vergessen war gestern, wir sprechen darüber!